Nachhaltig

REISEN

Nachhaltig REISEN

Einfach anders REISEN!

Dirk Engelhardt
Michaela Harfst

Die besten Ideen für EUROPA

VOR DER REISE
8

WORK AND TRAVEL
34

AUF DEM WASSER AKTIV

Mit dem Paddelboot, dem Floß oder dem Segelschiff – nachhaltiges Reisen mit Körpereinsatz auf dem Wasser

38

ETWAS LERNEN AUF REISEN

Lernen macht glücklich, auf Reisen vielleicht sogar ganz besonders. Vor allem, wenn man dabei nicht nur sich selbst im Sinn hat.

70

ZU FUSS UNTERWEGS

Wandern ist eine äußerst nachhaltige Lust mit hohem Genussfaktor: Unmittelbare Naturerlebnisse sind garantiert, am Wegesrand lockt die Kultur ...

88

THE BIG FIVE DES
Nachhaltigen Reisens

1

Egal, ob bei der Anreise zum Zielort oder bei der Fortbewegung vor Ort: Wenn irgend möglich auf Flugzeug, Kreuzfahrtschiff und Auto mit Verbrennungsmotor verzichten.

2

In Unterkünften wohnen, die nachhaltig erbaut wurden bzw. mit nachhaltigen Konzepten punkten.

3

Nachhaltig essen. Auch auf Reisen kann man sich von nachhaltig hergestellten bzw. regionalen Produkten ernähren und auf möglichst wenig Verpackung achten.

4

Respektvoll reisen heißt, eintauchen in die lokale Kultur, Interessen und Bedürfnisse der lokalen Bevölkerung achten, etwas lernen im Gastland, Naturräume, Pflanzen und Tiere schützen helfen.

5

Die lokale Wirtschaft stärken, zum Beispiel, indem man öko-freundliche, lokale Reiseanbieter unterstützt.

VOR DER

REISE

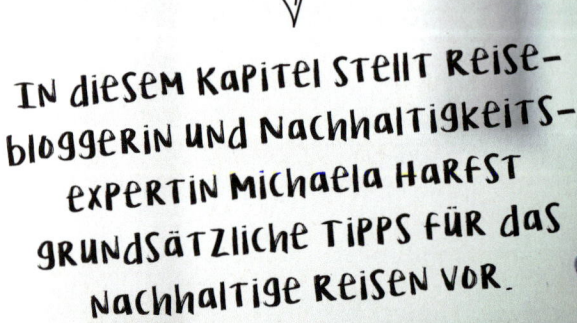

IN DIESEM KAPITEL STELLT REISE-
BLOGGERIN UND NACHHALTIGKEITS-
EXPERTIN MICHAELA HARFST
GRUNDSÄTZLICHE TIPPS FÜR DAS
NACHHALTIGE REISEN VOR.

WIE ANREISEN: UMWELT-SCHONEND UNTER-WEGS

Die klimafreundlichste Art zu reisen bleibt die Fahrradtour. Wer weiter entfernte Ziele ansteuern möchte, ist allerdings auch mit einem Fernbus oder der Bahn gut beraten. Dass die Klimabilanz von Bussen günstiger ist als die von Zügen, liegt an der meist besseren Auslastung dieses Verkehrsmittels. Die Reise zum Urlaubsort mit einem E-Auto hingegen lohnt sich im Vergleich zu öffentlichen Verkehrsmitteln nur, wenn sich kein Bahnhof am Urlaubsziel befindet und mehrere Personen mitfahren. Schlecht schneidet das Flugzeug ab: Sowohl bei Kurz- als auch bei Langstreckenflügen bleibt es in Sachen Umweltfreundlichkeit weit hinter den anderen Verkehrsmitteln zurück. Deshalb ist die Anreise mit dem Flugzeug nicht empfehlenswert. Die in diesem Buch vorgeschlagenen Reiseziele sind alle mit Bahn, Bus, Schiff oder dem Fahrrad erreichbar.

6 EINE RADTOUR IN DER UMGEBUNG

Günstig, unkompliziert und nachhaltig – so reist man mit dem eigenen Fahrrad! In zahlreichen Regionen Deutschlands findet man ein gut ausgebautes Radwegenetz für Tagesausflüge und mehrtägige Touren. Je nach Ausflugsziel bietet sich eine Kombination mit dem Zug an. So erreicht man besonders schöne Regionen in Europa, die dann mit dem Rad erkundet werden. Wer das eigene Rad nicht im Zug mitnehmen möchte, kann vor Ort ein Leihrad mieten.

7 EINFACH LOSLAUFEN

Ob Sightseeing Tour im Stadtzentrum, ein Spaziergang von Café zu Café oder eine Wanderung, die am Ortsrand beginnt: Oft kennt man sich in der eigenen Heimat gar nicht so gut aus, wie gedacht. Dabei kann es sich lohnen, mit offenen Augen und etwas Zeit die Orte vor der eigenen Haustür zu erkunden. Das Reisebudget schont man dabei auch!

BEISPIELHAFTE ZUGVERBINDUGEN AUF DER HINTEREN UMSCHLAGKLAPPE

8 ANREISE MIT DEM BUS

Fernbusse verbinden zahlreiche Städte in Deutschland und ganz Europa. Von München aus kann man beispielsweise sogar mit dem Bus bis nach Rumänien fahren. Wer gern die Landschaft am Fenster vorbeiziehen lässt und nicht nur umweltfreundlich, sondern auch günstig reisen möchte, für den ist der Bus ein passendes Transportmittel.

9 MIT DER BAHN IN DEN URLAUB

Das Streckennetz in Europa ist sehr gut ausgebaut, doch die vielen praktischen Nachtzug-Verbindungen sind noch immer Insidertipps. Wer mit dem Nachtzug verreist, spart sogar eine Übernachtung am Urlaubsort und verliert keine wertvollen Urlaubstage für An- oder Abreise. Die österreichische Bahn ÖBB bietet zahlreiche Nachtzug-Verbindungen über Deutschland an. Auch in Frankreich, Griechenland und vielen osteuropäischen Ländern gibt es Nachtzug-Angebote.

10 UNTERWEGS MIT DEM INTERRAIL-PASS

Mit einem Interrail-Ticket kann man durch mehr als 30 Länder in Europa reisen und dabei den Zeitraum zwischen drei Tagen und drei Monaten frei wählen. Nicht nur junge Erwachsene bis 27 Jahre, sondern auch Senioren erhalten Vergünstigungen. Kinder bis elf Jahre fahren sogar kostenlos mit, weshalb das Angebot für Familien interessant ist. Bei der Buchung

Viele Nachtzug-Verbindungen in Europa findet man in einer Übersicht auf der Website **interrail.eu**. Das Buch „Europe by Rail" und die Website **seat61.com** geben einen aktuellen Überblick über Zugverbindungen in Europa.

www.trenitalia.com/de.html
Bahnverbindungen in Italien

https://en.oui.sncf/en
Bahnverbindungen in Frankreich

www.trainline.eu
Online-Buchungsportal für Bahnreisen in UK und Europa

https://rail.cc
Hilft bei der Planung individueller Zugreisen

IN DER WAHL DES VERKEHRS-
MITTELS LIEGT EIN HOHES NACH-
HALTIGKEITS-POTENZIAL.

entscheidet man sich zwischen dem Global Pass (der für alle teilnehmenden Länder gilt) und dem One Country Pass, mit dem nur Zugverbindungen innerhalb eines Landes genutzt werden. Letzterer gilt jedoch nur für Länder, in denen man keinen Wohnsitz angemeldet hat.

11 ELEKTROMOBILITÄT: GEMEINSAM MIT DEM AUTO VERREISEN

Wenn das Urlaubsziel weit entfernt vom nächsten Bahnhof liegt, ist manchmal eine Anreise mit dem Auto verlockend. Am besten sollte man natürlich ein E-Auto wählen und dieses möglichst voll besetzen, denn die Pro-Kopf-Emissionen relativieren sich durch Mitfahrende positiv. Wer allein unterwegs ist, kann Mitfahrgelegenheiten anbieten und hat neben Unterhaltung auf der Fahrt noch eine Kostenbeteiligung. Wichtig ist, Ladestationen mit Ökostrom zu nutzen. Nicht benötigte Fahrrad- oder Gepäckträger am besten vor der Fahrt abmontieren, dann verbraucht man unterwegs deutlich weniger Energie.

12 CAR-SHARING ODER MIET-WAGEN STATT EIGENEM AUTO

Car-Sharing-Angebote sind vor allem für Gelegenheitsfahrten in Regionen mit schlechter Anbindung durch öffentliche Verkehrsmittel sinnvoll. Inzwischen haben zahlreiche Car-Sharing-Firmen auch E-Autos im Angebot. Ein E-Auto mit geringem Verbrauch ist die beste Wahl. Die meisten Firmen geben entsprechende Informationen an, sodass man problemlos ein passendes Modell wählen kann. Meist werden Tagessätze mit Kilometerpauschale angeboten. Einige Firmen verrechnen jedoch pro gefahrenem Kilometer oder verlangen eine monatliche Grundgebühr. Hier lohnt sich ein Vergleich, um das passende Angebot zu finden. Der Unterschied zum Mietwagen liegt darin, dass man spontan und flexibel buchen kann.

tabu sein. Wenn man die Anfahrt zum Flughafen und die Wartezeit am Gate dazurechnet, ist ein Flug in vielen Fällen nicht schneller als eine Bahnverbindung. Außerdem sind die Hauptbahnhöfe oft im Stadtzentrum, sodass man mit dem Zug sogar direkter ans Ziel gelangt. Da fällt es leicht, auf nachhaltigere Verkehrsmittel umzusteigen!

13 FLIEGEN: MUSS DAS SEIN?

Flüge sollten wegen des extrem hohen CO_2-Ausstoßes aus Gründen der Nachhaltigkeit

REISEDAUER

Die Wahl des Reiseziels ist logischerweise an die Zeit geknüpft, die für einen Urlaub zur Verfügung steht. Trotzdem hilft es, sich zu fragen: Muss ich zum Abschalten für drei Tage in ein All-inclusive Hotel auf den Kanaren oder reicht vielleicht auch ein Besuch in der Therme oder in einem Wellness-Hotel in der Nähe?

14 KURZURLAUBE SINNVOLL PLANEN

Für Kurzurlaube nutzt man am besten lange Wochenenden oder Brückentage – so kann man statt zwei bis zu vier Tage unterwegs sein. Eine kurze Anreise bedeutet hierbei auch mehr Zeit für Unternehmungen oder Entspannung am Reiseziel!

15 UNGEWÖHNLICHE STÄDTETRIPS

Ein Städtetrip mit Bahn oder Bus ist ebenfalls eine schöne Idee: In wenigen Stunden ist man von Deutschland aus in Städten wie Wien, Kopenhagen und Rotterdam. Natürlich bietet sich auch ein Städtetrip innerhalb Deutschlands oder in Grenznähe an. Kleinere Orte wie Freiburg, Colmar oder Utrecht sind dabei manchmal die bessere Wahl im Vergleich zu überlaufenen (und mit „Overtourism" kämpfenden) Städten wie Berlin, Amsterdam oder Prag.

16 DER WEG IST DAS ZIEL

Manchmal ist die Anreise schon ein Highlight der Reise! Ob das ein Bummelzug durch die Pyrenäen ist oder eine Zugfahrt von Hamburg über den Hindenburgdamm nach Sylt oder eine Bahnfahrt entlang der italienischen Adriaküste, bei der man durch schöne Landschaften und traditionsreiche Badeorte kommt: Manche Strecken locken mit ungewöhnlich schönen Aussichten!

WOHIN REISEN: WAHL DES URLAUBS-ORTES

Was ein Reiseziel nachhaltig macht, kann von vielen Facetten abhängen. Dabei muss es nicht immer zwingend eine Destination sein, die für Ökotourismus steht: Von unbekannten Stadtvierteln bis zur Ferienhütte in den Bergen ist alles möglich!

17 REISEN AUSSERHALB DER SAISON

Wer vielbesuchte Reiseziele ansteuern möchte, kann dies außerhalb der Saison tun. Warum nicht im Frühjahr nach Amsterdam reisen statt im Hochsommer? Oder am Gardasee die zauberhaften Weihnachtsmärkte besuchen, statt am Seeufer mit den vielen anderen Gästen um einen günstigen Liegeplatz zu konkurrieren? Überfüllte Skigebiete verwandeln sich im Sommer in Wandergebiete oder locken mit Mountainbike-Trails. Es gibt zahlreiche Möglichkeiten, diese beliebten Orte von einer anderen Seite zu sehen.

... SONNE, WIND UND DAS GEFÜHL VON FREIHEIT.

18 STADT ODER LAND?

Bei dieser Entscheidung ist vor allem wichtig, was man vor Ort unternehmen möchte: In der Natur in Ruhe abschalten oder in der Stadt Museen, Restaurants und Sehenswürdigkeiten entdecken? Idealerweise ist der Anfahrtsweg zu den gewünschten Aktivitäten vor Ort kurz und mit öffentlichen Verkehrsmitteln zurückzulegen. Ein Aufenthalt auf dem Land macht also keinen Sinn, wenn man jeden Tag mit dem Auto ins Stadtzentrum fahren müsste. Eine Kombination von Stadt und Land ist aber möglich: Einfach nacheinander zwei verschiedene Unterkünfte für den Urlaub buchen und die Aktivitäten entsprechend aufteilen!

19 STOPOVER ALS CHANCE

Muss bei der Zugfahrt eine Umsteigeverbindung gebucht werden, bietet sich an, ein Stopover einzulegen – vorausgesetzt natürlich, dass die Zwischenstation attraktiv ist. Dann empfiehlt sich ein Aufenthalt von ein bis zwei Tagen. Bei der Deutschen Bahn beispielsweise hat man die Möglichkeit, einen Zwischenhalt als Option auszuwählen (hier kann die Dauer des Aufenthaltes bis zu 48 Stunden angegeben werden). Auch bei anderen Buchungssystemen ist die Auswahl eines Zwischenstopps möglich.

20 URLAUB AUF DEM WASSER

Kreuzfahrtschiffe sind nach wie vor beliebt. Doch leider werden die meisten Modelle noch immer mit Schweröl betrieben und sind somit eine Belastung für die Umwelt. Wer gern auf dem Wasser Urlaub macht, kann beispielsweise ein Hausboot mieten oder auf einem Segelboot die Wellen genießen. Letzteres ist auch ohne eigenes Boot möglich: Eine helfende Hand gegen Koje! Alternativ sind Tagestouren mit einem erfahrenen Team buchbar.

NACHHALTIGE UNTERKÜNFTE FINDEN

Eine nachhaltige Unterkunft erkennt man daran, dass sie Ressourcen schont, umweltfreundlich betrieben wird und die lokale Wirtschaft unterstützt. Dazu gehört zum Beispiel, auf Stromfresser wie Minibars zu verzichten oder Frühstücksbuffets nach Bedarf aufzufüllen. Die überflussig angebotenen Lebensmittel müssen sonst häufig entsorgt werden. Kleine Shampoo-Fläschchen haben viele Unterkünfte bereits gegen nachfüllbare Spender ausgetauscht und vermeiden so Müll. Einige Hotels betreiben Solaranlagen und neue Gebäude werden als Passivenergiehäuser gebaut.

21 HOMESTAY: ZU GAST BEI FAMILIEN

In fast jeder Region sind sie zu finden: kleine Pensionen oder Homestays, in denen nur wenige Zimmer angeboten werden. Meist bieten Familienbetriebe solche Übernachtungsmöglichkeiten an. Die Ausstattung ist einfach und man isst, was die Familie kocht. Dabei lernt man auch gleich Einheimische kennen!

22 URLAUB AUF DEM BAUERNHOF

Eine ähnliche Kategorie ist der klassische Urlaub auf dem Bauernhof. Hier ist jedoch neben der Übernachtung noch ein komplettes Aktivitätenpaket eingeschlossen: Hühner füttern, bei der Heuernte helfen, Äpfel pflücken ... Manche Bauernhöfe mit Übernachtungsmöglichkeit haben auch eine größere Viehwirtschaft. Hier sollte man besonders darauf achten, Bio-Bauernhöfe oder Demeter-zertifizierte Betriebe zu buchen, die sich besonders streng um das Tierwohl sorgen.

23 TINY HOUSES IM TREND

Tiny Houses sind Miniaturhäuser mit nur einem Zimmer, in dem sich Küche, Schlafmöglichkeit und Bad befinden. Wer mit wenig Platz auskommt und somit Ressourcen schont, findet hier eine ungewöhnliche Übernachtungsmöglichkeit. Ob im Bayerischen Wald oder in Norwegen: Die Häuschen werden immer beliebter!

24 CAMPINGURLAUB

Zelten bedeutet, auf verschiedene Annehmlich-keiten zu verzichten: Klimaanlage, ein eigenes Bad und oft auch etwas Privatsphäre. Trotz-dem ist Camping nach wie vor sehr beliebt und schont den Geldbeutel. Wer eine Grundausrüs-tung besitzt, kann überall in Europa günstig auf Zeltplätzen unterkommen. Immer häufiger findet man auch Campingplätze mit Öko-Zer-tifikat, wo Wert auf Umweltschutz gelegt wird. Beispielsweise werden Zeitschaltuhren bei Duschen installiert, Mülltrennung angeboten und Ökostrom für die Beleuchtung eingesetzt.

25 BIO- UND ÖKOHOTELS

In Europa findet man mittlerweile Hunderte zertifizierte Bio-Hotels. Hier gibt es zwar große Unterschiede, doch einige Kriterien erfüllen alle: Beispielsweise müssen angebo-tene Speisen und Getränke aus biologischer Landwirtschaft stammen. Auch bezüglich anderer Nachhaltigkeitsaspekte wird vor der Zertifizierung genau hingeschaut: Müllvermei-dung wird zum Beispiel auch im Hotelbetrieb immer wichtiger.

26 ALL-INCLUSIVE HOTELS MEIDEN

Auf All-inclusive Hotels sollte man in Sachen Nachhaltigkeit grundsätzlich verzichten. Um Gästen eine möglichst große und abwechs-lungsreiche Auswahl zu bieten, gibt es meist einen verschwenderischen Umgang mit Lebensmitteln und große Buffets. Weil alle Mahlzeiten und Getränke im Hotel eingenom-men werden, können zudem Restaurants und Cafés im Ort nicht vom Tourismus profitieren. Viele solche Betriebe stehen unter hohem Preisdruck. Dann wird nicht so sehr auf die Qualität geachtet, die Löhne der Angestellten sind oft niedrig. Hier also besser ein nachhalti-ges Hotel mit Halbpension wählen!

27 NACHHALTIG REISEN IM LUXUSBEREICH

Inzwischen sind in ganz Europa zahlreiche 4-Sterne- und 5-Sterne-Hotels zu finden, die sich auf Nachhaltigkeit spezialisiert haben. Von der ökologischen Bauweise und regionalen Materialien bis zu nachhaltigen Matratzen und Bio-Sterneküche ist mittlerweile alles möglich. Statt beheizten Infinity-Pools sieht man in hochpreisigen Hotels immer öfter Naturbade-teiche. Wer nachhaltig reisen möchte, muss also nicht auf Luxus verzichten!

28 UNTERWEGS ALS BACKPACKER

Rucksackreisende übernachten häufig in günstigen Hostels. Heutzutage gibt es in vielen Städten und Regionen auch grüne Hostels oder Jugendherbergen, die auf einen nachhaltigen Betrieb achten. Vielleicht ist sogar Couchsur-fing eine Alternative? Wer auf dem Sofa bei Einheimischen schläft, lernt das Urlaubsziel von einer anderen Seite kennen und schont das Budget.

REGIONAL EINKAUFEN AUF DEM MARKT IN PALERMO

RESSOURCEN SCHONEN

Nachhaltiges Reisen bedeutet auch, Verschwendung von Ressourcen zu vermeiden. Ob bei Lebensmitteln, Energie, Transport oder Shopping: In allen Bereichen gibt es Möglichkeiten, die Umwelt zu schonen.

29 RESSOURCENVERTEILUNG

Die Ressourcen sind nicht überall in Europa gleich verteilt. Beispielsweise haben einige Regionen in Spanien im Sommer mit einer besonders starken Wasserknappheit zu kämpfen. Einen Golfurlaub oder ein Hotel mit Swimmingpool sollte man dort also besser nicht buchen. Inseln müssen häufig per Schiff mit bestimmten Gütern versorgt werden: Hier lohnt es sich, vor allem regionale Lebensmittel und Produkte, die vor Ort hergestellt werden, zu konsumieren. Wer sich vor der Reise mit dem Urlaubsziel auseinandersetzt, kann Ressourcenverschwendung leicht vermeiden.

30 REGIONALES STATT IMPORTWARE

Häufig stehen in touristischen Restaurants Gerichte auf der Speisekarte, die mit der Landesküche nichts zu tun haben. Die Zutaten dafür müssen erst importiert werden. Besser entscheidet man sich für Lokale, die mit regionalen Zutaten kochen, und lernt dabei die Landesküche besser kennen.

KAFFEE TRINKT MAN BESSER VOR ORT STATT TO GO.

31 REISEN MIT WENIG GEPÄCK

Weniger Gepäck macht das Reisen im wörtlichen und übertragenen Sinn leichter, gerade wenn man mit öffentlichen Verkehrsmitteln unterwegs ist. Sowohl bei der Anreise als auch bei einem Wechsel der Unterkunft vor Ort profitiert man vom geringeren Gewicht. Außerdem vermindert das den CO_2-Ausstoß des gewählten Transportmittels.

32 EINWEGVERPACKUNGEN

Sowohl in Deutschland als auch überall sonst in Europa sind Lebensmittel und Getränke oft unnötig verpackt. Wenn man eine Edelstahl-Wasserflasche dabeihat, kann man diese in der Unterkunft problemlos mit Trinkwasser auffüllen. Selbst in Ländern mit schlechter Leitungswasserqualität bieten Hotels gefiltertes Trinkwasser zum Abfüllen an. Praktisch sind auch mitgebrachte Behältnisse wie Brotdosen aus Edelstahl oder kleine Stoffbeutel, in die man Gebäck oder frisches Obst einfach hineinlegen und so ohne zusätzliche Verpackung transportieren kann. Im Urlaub nimmt man sich auch lieber die Zeit, einen Kaffee in einem Lokal zu genießen und nicht etwa to go aus einem plastikbeschichteten Einwegbecher.

33 À LA CARTE DEM BUFFET VORZIEHEN

Auf All-you-can-eat-Restaurants und Buffets sollte man besser verzichten. Meist isst man dort mehr als notwendig wäre. Zudem landen

36 NACHHALTIGE SOUVENIRS

Ein Blick auf das Etikett des Souvenirs gibt Aufschluss: Wurde die hübsche Bluse in Asien oder in der Urlaubsregion hergestellt? Es hilft auch, sich zu fragen: Brauchen meine Bekannten zu Hause diese Mitbringsel wirklich? Beim Kauf von Souvenirs greift man schnell zu Dingen, die anschließend zu Hause verstauben. Deshalb besser lokale Spezialitäten einkaufen, die man essen oder trinken kann.

Reste im Müll: von den Tellern der Gäste ebenso wie überschüssige Speisen vom Buffet. In kleinen Restaurants, die Speisen frisch auf Nachfrage zubereiten, ist man besser aufgehoben.

34 DIE REISEROUTE ANPASSEN

Wer verschiedene Sehenswürdigkeiten in einer Region besuchen möchte, kann dafür vor Ort öffentliche Verkehrsmittel statt Auto oder privaten Fahrdiensten nutzen. Die Reiseroute dabei am besten so anpassen, dass die Unterkünfte in der Nähe der Sehenswürdigkeiten liegen und unnötige Fahrten vermieden werden. So spart man nicht nur Ressourcen, sondern auch Zeit!

35 FAST-FOOD-KETTEN MEIDEN

Internationale Firmen sind mit ihren Fast-Food-Lokalen oder Cafés mittlerweile auf der ganzen Welt vertreten. Der Gewinn kommt jedoch nur wenigen Personen zugute, die nicht vor Ort leben. Wer in Cafés und Restaurants einkehrt, die Einheimischen gehören, unterstützt hingegen die lokale Wirtschaft.

AKTIVITÄTEN: WORAUF KANN ICH ACHTEN?

Auch umweltschonende Aktivitäten machen Spaß! Wer vor der Buchung überlegt, welchen ökologischen Fußabdruck die geplanten Unternehmungen hinterlassen, findet sicher spannende Alternativen.

37 WINTERSPORT

In tieferen Lagen oder schneearmen Regionen werden mittlerweile häufig Schneekanonen eingesetzt. Diese verbrauchen große Mengen Strom und Wasser für den künstlichen Schnee. Dabei erzeugen sie zudem Lärm, der Tiere in der Umgebung stört. Für Wintersport bereist man also am besten Regionen, die nicht künstlich beschneit werden. Ein positives Beispiel sind die Alpine Pearls: 28 Ferienorte haben sich zusammengeschlossen und bieten umweltbewusste Winterferien an. Hier werden regenerative Energien für Skilifte genutzt und nur eine bestimmte Menge von Personen auf dem Berg zugelassen.

38 TIERSCHUTZ AUF REISEN

Was für Menschen ein Spaß ist, ist für Tiere häufig das Gegenteil. Es ist wichtig, hier genau hinzusehen und Tiere lieber in freier Natur als in Gefangenschaft zu beobachten. Kutschenfahrten in Städten sind oft nicht mit dem Tier-

wohl zu vereinbaren. Die Pferde müssen in der prallen Sonne auf Kundschaft warten und laufen ausschließlich auf hartem Beton statt in der Natur. Eingezwängt zwischen hupenden Autos fahren beispielsweise in Wien die Fiaker über vielbefahrene Straßen, was für die sensiblen Tiere auch Stress bedeutet. Eine gute Alternative ist ein Ausritt in der Natur mit Pferden, die gut gepflegt werden und regelmäßig auf die Weide dürfen.

39 GOLF IN DER WÜSTE?

Die Aktivitäten am Urlaubsort müssen an das Klima angepasst sein. Dabei hilft ein Blick auf die Ressourcen in der Region: Die Bewässerung von Grünanlagen ist häufig unökologisch. Wieso nicht lieber in einem schattigen Park Boccia spielen oder mit der Familie einen Ausflug zum Minigolf machen? Selbst wenn man vorhandene Ressourcen nutzt, wie beim Wildwasser-Rafting, sollte man genau hinschauen: Ist der Transport der Ausrüstung zum Fluss nur mit einem Auto möglich?

40 NACHHALTIGER SPASS AM STRAND

Auch einen Strandurlaub kann man nachhaltig gestalten: Wie wäre es mit einem Beach Clean-Up? Dabei kann die ganze Familie mithelfen, Müll am Strand aufzusammeln. Am Ende wird ausgewertet: Wie viele Kilogramm konnten wir auf 100 Metern finden? Welche Dinge haben wir am häufigsten gesammelt? Online gibt es Tipps und Erfassungsbögen zum Ausfüllen.

Bei organisierten Aufräumaktionen kann man auch Gleichgesinnte kennenlernen, denen die Umwelt am Herzen liegt.

41 KANN MAN DAS ESSEN?

Auf bestimmte Tierprodukte wie Walfleisch sollte man besser verzichten. Walfleisch ist hochgradig mit Quecksilber und anderen Schadstoffen belastet. Zudem ist die Jagd grausam und der kommerzielle Walfang international untersagt. Norwegen, Island, Japan und die Färöer-Inseln halten sich jedoch nicht an diese Vereinbarung. Ähnlich verhält es sich bei der „Schillerlocke" – das Fleisch des Dornhais ist ebenfalls hochgradig belastet, zudem ist der Fang in EU-Gewässern verboten. Der Import ist jedoch nach wie vor erlaubt, obwohl der Dornhai vielerorts bereits ausgestorben ist und international als bedrohte Art gilt. Auch

auf Gänsestopfleber (Foie gras) sollte man besser verzichten. Die grausame Herstellung dieses Produkts ist in Deutschland und vielen anderen Ländern verboten. Sie darf aber leider noch immer importiert werden und gilt z. B. in Frankreich als Delikatesse.

42 WASSERSPORT

Viele Wassersportarten sind ohne Motor möglich, beispielsweise Kajakfahren oder Surfen. Das ist umweltfreundlicher, als z. B. auf dem Jetski über das Wasser zu brausen. Statt einer Tour mit dem Motorboot kann man einfach mal eine Floßfahrt machen. Und anstelle des Ausflugs mit der motorisierten Jacht an der Côte d'Azur genießt man den Wind auf einem schönen alten Segelschiff. Diese Art des Wassersports hat große Vorteile: weniger Lärm und keine Abgase in der Luft.

43 WANDERN OHNE FUSSABDRUCK

Wer gern wandert, will die Schönheit der Natur genießen. Es ist eine tolle Urlaubsaktivität, beinahe in jedem europäischen Land sind dafür Routen unterschiedlicher Schwierigkeitsgrade vorhanden. Wichtig ist, mitgebrachten Müll wieder mitzunehmen und fachgerecht zu entsorgen. Dazu gehören auch Zigarettenkippen, Bananenschalen und Taschentücher. Schließlich möchten andere Wanderlustige die Natur ebenfalls unberührt vorfinden. Bei längeren Touren kann man in nachhaltigen Almhütten oder Gasthöfen mit Bio-Produkten aus eigener Herstellung einkehren.

NACHHALTIGE AUSRÜSTUNG

Vom Backpacker-Rucksack bis zum Fahrrad: Am besten achtet man darauf, wie langlebig die Ausrüstung ist und ob man sie im Zweifelsfall reparieren (lassen) kann. Ein Secondhandkauf kommt vor allem bei Sportgeräten in Frage: Diese gibt es häufig wie neu.

44 KLEINE MATERIALKUNDE

Grundsätzlich sind Produkte aus Naturmaterialien die beste Wahl: Sie befördern beim Waschen keine Mikroplastikfasern ins Abwasser. Am besten sollten sie fair und biologisch produziert sein. Mittlerweile bieten Outdoor-Firmen sogar Shirts aus Bambus oder Fleece-Jacken aus Holz statt Polyester an. Auf nicht zertifizierte Merinowolle oder Daunenjacken/-schlafsäcke verzichtet man aus Tierschutzgründen besser. Zudem müssen Letztere aufwendig chemisch gereinigt werden. Funktionskleidung wird oft unter hohem Einsatz schädlicher Chemikalien hergestellt, zum Beispiel, um absolut wasserdicht zu sein. Auf solche Produkte sollte man nur zurückgreifen, wenn sie wirklich notwendig sind. Die 6000er-Besteigung rechtfertigt den Kauf eher als eine gemütliche zweistündige Wanderung auf dem Hausberg.

45 WANDERAUSRÜSTUNG

Beim Wandern gilt: Gutes Schuhwerk ist nicht nur in Sachen Nachhaltigkeit Gold wert. Es lohnt sich, auf Qualität zu achten und Modelle zu erwerben, die man bei guter Pflege viele Jahre lang tragen kann. Außerdem bieten einige Outdoor-Firmen inzwischen einen Reparatur- oder Reinigungsservice für ihre Produkte an. Besonders fortschrittliche Marken nehmen aufgetragene Kleidung aus Kunststoff-Fasern zurück und verarbeiten sie zu neuen Produkten.

FÜR WANDERN UND TREKKING
IST GEEIGNETES SCHUHWERK
ESSENZIELL.

46 UMWELTFREUNDLICHES RADFAHREN

Fahrräder aus Stahl, Karbon oder Aluminium sind allesamt in der Herstellung ökologisch fragwürdig. Doch ein Rad kann viele Jahre treue Dienste leisten: Deshalb ist auch hier wichtig, auf ein qualitativ hochwertiges Modell zu setzen, wenn es häufig benutzt wird. Wer nur gelegentlich Rad fährt, ist mit einem gebrauchten Modell besser beraten, da hierfür keine neuen Rohstoffe verarbeitet werden müssen. Auch Fahrräder mit Rahmen aus Holz oder Bambus sind bereits auf dem Markt: Hier stellt sich jedoch die Frage, wie langlebig sie sind.

47 SIND E-BIKES ÖKO?

Ja und nein. Wer ein klassisches Rad besitzt und gesundheitlich nicht eingeschränkt ist,

bleibt lieber dabei, denn vor allem E-Bike-Modelle mit Lithium-Ionen-Akkus sind aufgrund der dafür benötigten Rohstoffe und des Herstellungsprozesses unökologisch. Auch ihre Lebensdauer und Recyclingfähigkeit ist meist fragwürdig. Andererseits bietet das E-Bike die Möglichkeit, auch mit durchschnittlicher Kondition in extrem hügeligem oder gar bergigem Gelände auf das Auto zu verzichten. Im täglichen Gebrauch sollten E-Bikes mit Ökostrom aufgeladen werden, um Nachhaltigkeitskriterien zu genügen.

48 UNTERWEGS AUF DEM WASSER

Wer nur einmal im Jahr im Urlaub Surfen oder Kajakfahren geht, kann das nötige Equipment ausleihen. Wenn man einen Sport jedoch regelmäßig ausübt, lohnt sich die Anschaffung eigener Produkte. Hier macht man am besten eine Recherche, wie langlebig die Materialien sind und ob sich Geräte im Zweifelsfall reparieren lassen.

49 SONNENCREME SCHADET DEM MEER

Im Badeurlaub sollte man bei Sonnencremes unbedingt auf die Umweltverträglichkeit achten. In vier von fünf Produkten sind Chemikalien enthalten, die Meeresbewohnern schaden und beispielsweise zur Korallenbleiche führen können. Stattdessen funktioniert als Sonnenschutz auch langärmlige Kleidung aus Lycra oder Neopren, die im Wasser getragen werden kann.

KULTUR & KOMMUNI- KATION

Reisen bedeutet, Neues zu erleben: Selbst innerhalb Deutschlands gibt es zahlreiche Dialekte und regionale kulturelle Besonderheiten. Diesen sollte man grundsätzlich mit Respekt begegnen und möglichst offen an fremde Kulturen, Sprachen und Bräuche herantreten. Beim nachhaltigen Reisen spielen Kultur und Kommunikation eine wichtige Rolle, weil sie Auswirkungen auf die Wahrnehmung durch die lokale Bevölkerung haben. Werden Reisende als höfliche Gäste erlebt oder als lästig? Die Befolgung von ein paar einfachen Tipps hilft dabei, Fettnäpfchen zu vermeiden.

50 RELIGION & GEDENK- STÄTTEN RESPEKTIEREN

Kleidervorschriften und Verhaltensregeln in Kirchen, Moscheen, Synagogen und anderen heiligen Orten am besten schon vor deren Betreten recherchieren und unbedingt respektieren. Das gilt auch, wenn man selbst nicht gläubig ist. Wichtige Gedenkstätten oder Gebäude mit geschichtlichem Hintergrund erfordern ebenfalls ein angemessenes Verhalten und entsprechende Kleidung.

51 | SPRACHE ALS SCHLÜSSEL

Die wichtigsten Wörter und Sätze sollte man wenn möglich schon vor der Reise lernen: „Guten Tag", „Bitte", „Danke" und „Entschuldigung" sind das Minimum. Doch selbst wer unvorbereitet in den Urlaub fährt, kann mithilfe von Apps oder Websites vor Ort per Spracheingabe ganze Sätze übersetzen lassen. So fällt die Verständigung mit der lokalen Bevölkerung leichter und mit der Zeit wird man auch den einen oder anderen Ausdruck lernen! Sprache ist der Schlüssel zur Kultur fremder Länder und bringt Reisenden die Besonderheiten ihres Urlaubszieles näher.

52 POLITISCHE SITUATION VOR ORT

In vielen europäischen Ländern finden regelmäßig Demonstrationen statt. Von Istanbul über Bukarest bis nach Katalonien: Über die politische Situation sollte man vor Beginn der Reise auf dem Laufenden sein und Menschenansammlungen mit politischem Hintergrund besser meiden. Informationen zu Streiks und Demonstrationen sind beispielsweise auf der Website des Auswärtigen Amtes verfügbar. Bei politischen Diskussionen sollte man Verständnis für konträre Ansichten zeigen, statt andere unbedingt von der eigenen Meinung überzeugen zu wollen.

ECOCAMPING KANN DURCHAUS KOMFORTABEL SEIN.

53 TRINKGELD & HANDELN

Ob und wie viel Trinkgeld man gibt, ist von Land zu Land sehr unterschiedlich. Während in Deutschland bis zu zehn Prozent gegeben werden, ist beispielsweise in Spanien deutlich weniger Trinkgeld üblich. Für Reisende gelten zwar andere Regeln als für Einheimische, Großzügigkeit wird jedoch in allen Kulturen geschätzt. Das Gleiche gilt auch beim Handeln: In vielen Ländern gehört es zur Kultur und wird auf Märkten oder in Geschäften erwartet. Dabei sollte man jedoch immer fair bleiben und Gewerbetreibende nicht um ihren mühsam verdienten Gewinn bringen, nur um ein paar Euro einzusparen.

SIEGEL UND LABEL

Zertifizierungen können bei der Buchung nachhaltiger Unterkünfte oder der Auswahl ökologischer Restaurants ein Anhaltspunkt

sein. Es gibt allerdings eine Vielzahl von Siegeln mit verschiedenen Qualitätskriterien und Schwerpunkten. Manche verpflichten die teilnehmenden Unternehmen zur Umsetzung von Kriterien, andere kontrollieren die Einhaltung der Standards nicht persönlich, sondern setzen auf Selbstauskünfte. Es lohnt sich also, Siegel genauer unter die Lupe zu nehmen. Hilfreiche Siegel für Europa sind folgende:

54 ECOCAMPING

Von Ecocamping werden Campingplätze ausgewiesen, die nach einem speziellen Leitbild agieren: Darunter fallen zum Beispiel Umwelt- und Naturschutz, Energieeffizienz und ein gutes Abfallmanagement. Die Umsetzung der Kriterien wird von Ecocamping vor Ort überprüft. Buchungen erfolgen auf der Website des jeweiligen Campingplatzes.

55 EUROPÄISCHE CHARTA FÜR NACHHALTIGEN TOURISMUS IN SCHUTZGEBIETEN

Die EUROPARC Federation weist europäische Naturschutzgebiete aus, die Wert auf Nachhaltigkeit im Tourismus legen. Die teilnehmenden Schutzgebiete unterzeichnen eine freiwillige Verpflichtungserklärung und erarbeiten ein Konzept für nachhaltige Entwicklung.

Bio im Baumhaus

56 GREENSIGN

Dieses Zertifikat wird – hauptsächlich in Deutschland – von InfraCert vergeben, dem Institut für Nachhaltige Entwicklung in der Hotellerie. Hotels mit dem GreenSign werden nachhaltig geführt und müssen diverse Kriterien in Bezug auf soziales Engagement und ökologisches Handeln erfüllen. Es gibt mehrere Zertifizierungsstufen – je mehr Kriterien erfüllt werden, desto höher das Level (1 – 5).

57 IBEX FAIRSTAY

Das Schweizer Label zeichnet nachhaltige Unterkünfte nach einer Vielzahl von Kriterien aus. Dazu gehören auch Jugendherbergen, Ferien-, Wellness- und Gesundheitseinrichtungen. Diese werden in die Kategorien Bronze, Silber, Gold oder Platinum eingestuft, je nachdem, wie viele Kriterien sie erfüllen.

58 ÖSTERREICHISCHES UMWELTZEICHEN FÜR TOURISMUS

Es war das erste staatliches Ökolabel im Tourismus weltweit. Ausgezeichnet werden verschiedenste Arten von Unterkünften, hauptsächlich in Österreich: vom Campingplatz über Restaurants bis zu Hotels und Reisebüros.

59 TOURCERT

Das Siegel bewertet verschiedenste Aspekte der teilnehmenden Regionen und Unterkünfte. Diese verpflichten sich zur Einhaltung der Kriterien und regelmäßiger Berichterstattung über getroffene Maßnahmen, zum Beispiel in den Bereichen Energie- und Umwelteffizienz und Wasserverbrauch. Das Siegel wird von der Stiftung Warentest empfohlen. Die Auszeichnung TourCert Check hat einen niedrigeren Stellenwert als das Zertifikat.

EIN DORF VOLLER BIO HOTELS: SCHMILKA IN
DER SÄCHSISCHEN SCHWEIZ.

WO BUCHE ICH EINE NACHHALTIGE REISE?

Mittlerweile gibt es eine Reihe von Firmen, die sich auf nachhaltiges Reisen spezialisiert haben. Sie vermitteln ökologische Unterkünfte und auch Pauschalreisen, die Nachhaltigkeits-kriterien entsprechen.

60 BIO-HOTELS

Hier findet man über 100 Hotels in sechs euro-päischen Ländern. Bei der Zertifizierung wird überprüft, ob nachhaltig gewirtschaftet und regional eingekauft wird. Umweltfreundliche Energie- und Abfallkreisläufe sind für die teil-nehmenden Unterkünfte ebenfalls verpflich-tend. Lebensmittel müssen aus zertifizierter biologischer Landwirtschaft stammen, zudem müssen Naturkosmetika verwendet werden. Die unverbindliche Buchungsanfrage erfolgt über die Website von BIO-HOTELS.

www.biohotels.info

61 BOOK IT GREEN

Dies ist eine große Buchungsplattform für nachhaltige Unterkünfte, die viele außergewöhnliche und auch günstige Optionen wie Wohnwagen und Bauernhöfe im Angebot hat. Zudem sind Ferienwohnungen und Campingplätze buchbar. Die Unterkünfte sollen bis zu 15 Nachhaltigkeitskriterien erfüllen. Wie viele Kriterien eine Unterkunft erfüllt, wird an der Zahl der grünen Blätter ersichtlich (1 – 5). Book it green bezieht diese Informationen durch Selbstauskünfte und Gästebewertungen. Die Buchung erfolgt direkt auf der Plattform.

https://bookitgreen.com

62 GOOD TRAVEL

Über die Website von Good Travel findet man nachhaltige Übernachtungsmöglichkeiten – vom günstigen Bed & Breakfast über Ferienhäuser und Glamping bis zum Luxushotel. Die angebotenen Unterkünfte erfüllen spezielle Kriterien aus den Bereichen Soziales, Umwelt, Gesundheit, Ernährung und Architektur. Welche Punkte jeweils besonders positiv hervorzuheben sind, wird detailliert erläutert. Die Buchung erfolgt allerdings direkt über die jeweilige Website und nicht über Good Travel.

https://goodtravel.de

63 FORUM ANDERS REISEN

Der hinter diesem Angebot stehende gleichnamige Verein verfolgt das Ziel, den nachhaltigen Tourismus zu fördern. Die Mitglieder verpflichten sich zur Einhaltung eines verbindlichen Kriterienkatalogs. Im Unterschied zu Organisationen, die mit einem Siegel arbeiten, werden empfohlene Pauschalreisen direkt auf der Website des Forums angeboten. Kosten und weiterführende Informationen zur jeweiligen Pauschalreise sind übersichtlich aufgeschlüsselt. Buchungsanfragen sind unverbindlich und werden vom forum anders reisen an das jeweilige Mitglied weitergeleitet.

https://forumandersreisen.de

64 VEGGIE HOTELS

Auf dieser Plattform werden weltweit über 500 vegetarische und vegane Unterkünfte (Hotels, Pensionen und Gästehäuser) vorgestellt, gut 300 davon liegen in Europa. Wer Wert auf diese Ernährungsformen legt, wird hier schnell und einfach fündig (die Website gliedert nach Kriterien wie „Badeurlaub", „Städtereise", „Wandern"). Die Spezialisierung auf pflanzenbasierte Ernährung bringt oft auch einen Schwerpunkt auf andere Nachhaltigkeitsthemen mit sich (zum Beispiel baubiologische Prinzipien). Der Standard reicht vom Bio Bed & Breakfast bis zum Luxushotel; buchen kann man direkt über die VeggieHotels-Website.

www.veggie-hotels.de

WIE WÄRE ES MIT WANDER-
REITEN AUF ISLAND?

Reisen und Jobben - das ist vor allem etwas für junge Leute, die vorm Einstieg ins Berufsleben Auslandserfahrungen machen möchten.

WORK and TRavel

IM AUSland leben UND ARBeiTeN – eine werTVolle ERFaHRUNG!

Reisen und Arbeiten ist nicht nur eine sehr ökonomische, sondern auch eine ebenso nachhaltige Art zu reisen. Meist sind kostenlose Verpflegung und Unterkunft der „Lohn" für die Arbeit. Und wo könnte man bessere Einblicke in die Kultur – und Arbeitskultur – eines Landes erhalten, als beim „Schaffen", wenn man Einheimische auf persönliche Art und Weise näher kennenlernt? Zudem konzentrieren sich viele Work-and-travel-Projekte auf nachhaltige Themen wie Umweltschutz, Soziales oder Landarbeit.

65 ARBEITEN UND REISEN

Eine Möglichkeit ist es, sich selbst um einen Job oder ein Praktikum bei einem bestimmten Betrieb zu kümmern, den man vielleicht über Bekannte empfohlen bekam. Die andere, bequemere und sicherere Möglichkeit besteht darin, den Work-and-travel-Aufenthalt mithilfe einer Agentur in die Wege zu leiten. So bietet *www.travelworks.de* in Portugal Arbeit in der Hotellerie an, die den ganzen Sommer über dauert. Portugiesischkenntnisse sind dafür nicht erforderlich. Die Vermittlungsgebühr für 2–3 Monate beträgt 720 Euro. Im Hotel erhält man ein Taschengeld von mindestens 200 Euro pro Monat, dazu kostenlose Verpflegung und Unterkunft. Während des Aufenthaltes ist immer ein Betreuer telefonisch erreichbar, am Ende erhält der Beschäftigte ein Zertifikat. In Norwegen werden 18- bis 30-Jährige für die Farmarbeit gesucht. Hier werden Englischkenntnisse gefordert, Norwegischkenntnisse sind ein Plus. Hin- und Rückreise, Auslandskrankenversicherung, Unfallversicherung, Haftpflichtversicherung, Reiserücktrittskos-

tenversicherung, Visa Card und Konto im Ausland müssen in der Regel vom Teilnehmer selbst organisiert und bezahlt werden.

66 ARBEITEN UND KULTUR ERFAHREN

Die Agentur *www.workaway.info* ist darauf spezialisiert, nachhaltiges Reisen und kulturellen Austausch mit Arbeiten zu verbinden. Die Auswahl ist riesig: Mehr als 40 000 Gastgeber in aller Welt warten darauf, dass ihre Arbeit erledigt wird! Die Spanne der Tätigkeiten ist ebenfalls riesig. Man findet Angebote wie das eines Künstlers, der Skulpturen anfertigt und eine Hilfskraft sucht – als Schlafgelegenheit bietet er eine Koje auf einer Segelyacht. Oder wie das aus der Bretagne, wo handwerklich geschickte Menschen gesucht werden, um ein 300 Jahre altes Landhaus zu renovieren. In Griechenland benötigt ein Reiterhof Hilfe. Manche Projekte sind auf sehr einfacher Basis, zum Beispiel ein Öko-Projekt junger Leute in Kata-

lonien, die ein verfallenes Landhaus renovieren wollen, Unterkunft aber nur in Zelten anbieten können. Die meisten Gesuche dieser Kategorie stammen von Einzelpersonen, die sich mit ihrem Projekt temporär überfordert fühlen. So sucht ein Niederländer, der in einer französischen Kleinstadt ein altes Hotel gekauft hat, handwerklich geschickte Leute, die ihm bei der Renovierung zur Seite stehen. Dafür bietet er ein privates Zimmer, Essen und Trinken sowie kostenloses Internet.

Bei *workaway*, deren Auftraggeber fast immer Privatpersonen sind, wird für die Vermittlung keine Gebühr verlangt. Interessierte sollten die Bewertungen von Work-Travellern lesen, die den Auftenthalt benoten.

67 ARBEITEN AUF DEM MEER

Wer sich einen Segelyachturlaub finanzieren will und kostengünstig einen Cruise über das Mittelmeer machen möchte, sollte sich auf dem

Portal *Hand gegen Koje (www.handgegenkoje. de)* umschauen. Hier bieten Segelyachteigentümer, die oft schon in die Jahre gekommen sind, Mithilfe auf ihren Yachten im Gegenzug zu Essen und Unterkunft in einer Koje an. Je nach Qualifikation der Mitsegler (Skipper, Segelschein usw.) richtet sich der Preis, der für das Mitsegeln zu zahlen – oder nicht zu zahlen ist. Tipps für das Mitsegeln für Anfänger gibt *Bruder Leichtfuss* auf *www.bruderleichtfuss.com*.

68 ARBEITEN AUF DEM BAUERNHOF

Speziell auf die Arbeit auf Biohöfen ausgerichtet ist die Agentur *www.farmarbeit.de*. In der Regel werden die Work-Traveller hier stark ins Familienleben einbezogen. Eine Woche sollte man dem Arbeitgeber mindestens zur Verfügung stehen. Jeder wird nach seinen Fähigkeiten eingesetzt; es kann also sein, dass ein Lehrer für die Kinder des Bauern als Sprachlehrer in Anspruch genommen wird. Generell gilt die Faustregel:

Für vier bis sechs Stunden Arbeit am Tag erhält man Essen und Unterkunft gratis. Auch Winzer suchen in der Erntezeit über diese Agentur nach Erntehelfern.

Arbeiten auf spanischen Bio-Bauernhöfen? Das vermittelt die Seite *www.wwoof.es*. So sucht eine 40000 Hektar (!) große Farm in den Bergen Kataloniens Hilfe im Gemüsegarten und in der Viehzucht.

69 ARBEITEN IM SOZIALEN BEREICH

Workcamps im sozialen Bereich, die meist auf wenige Wochen beschränkt sind, vermittelt in vielen Ländern Europas das Portal *www.ijgd. de*. Nähere Informationen zu den Camps in der Sommersaison werden meist im März veröffentlicht, dann ist Eile geboten, um sich einen Platz zu sichern. Im Winter sind die Angebote hier eher rar, ein Winter-Camp ist zum Beispiel das Londoner Christmas Workcamp, in dessen Rahmen Grünflächen im Umland gepflegt werden. Geschlafen und gegessen wird in einer Pfadfinder-Unterkunft; die Speisen bereiten die Traveller dort selbst zu. Ein weiterer großer Anbieter für Workcamps ist *www.sci-d. de*, der in einer Datenbank europaweit Hunderte Plätze anbietet. Die Vermittlungsgebühr beträgt hier 110 Euro.

Workcamps der *Aktion Sühnezeichen* (*www. asf-ev. de*) sind religiös motiviert, so wird beispielsweise jüdischen Gemeinden in Europa geholfen oder Gedenkstätten werden renoviert. Kirchliche soziale Projekte unterstützen die *Ökumenischen Jugenddienste* (*www.eys-workcamp.de*), diese sind aber auf Deutschland beschränkt.

AUF DEM
WASSER
AKTIV

MIT DEM PADDELBOOT, DEM FLOß ODER DEM SEGELSCHIFF – NACHHALTIGES REISEN MIT KÖRPEREINSATZ AUF DEM WASSER.

SEGELN MIT DEM ZEESBOOT
WIE IN ALTEN ZEITEN

11 SEGELN UND SURFEN AN DER FRANZÖSISCHEN ATLANTIKKÜSTE

Die besten Segelreviere der Atlantikküste finden sich an der Côte Basque. In den großen Jachthäfen Capbreton, Hendaye und Arcachon werden Boote vermietet. Für Segelboote und Motorboote unter 10 PS ist keine Lizenz erforderlich. Jedoch benötigt man Erfahrung und Ortskenntnis, sodass es ratsam sein könnte, einen heimischen Skipper anzuheuern. Unter anderem erfordert die Ausfahrt mit einer Segeljacht aus einem Hafen einiges Geschick, da man zumeist in eine starke Brandung gerät. Und dann ist man im offenen Meer, immer hart am Wind. Inklusive Strömungen, schnellen Wetterwechseln, Tiden und Riffs. An manchen Tagen kann die See aber auch spiegelglatt sein. Bei Arcachon haben Segler eine ganz besondere Kulisse: Hier segelt man entlang der riesigen Wanderdüne Dune du Pilat, die 110 Meter hoch ist und sich jedes Jahr tiefer ins Landesinnere ausdehnt. Seit ihrer Entdeckung durch Peter Viertel in den 1950er-Jahren zählt die Küste um Biarritz zu den beliebtesten Surfertreffs der Welt. Für Anfänger eignet sich eher die nördliche Côte d'Argent, wo man zudem Strandsegeln und verwandte Sportarten betreiben kann.

10 ZEESBOOT MIETEN, AHRENSHOOP

Für 15 Euro kann man sich in Ahrenshoop ein besonderes Ausflugs-Schmankerl gönnen. So viel kostet die eineinhalbstündige Fahrt mit einem historischen Zeesboot, das am Hafen Altenhagen liegt. Die meisten Zeesboote sind ketschgetakelte Zweimaster. Ketschgetakelte Boote lassen sich so austrimmen, dass sie sich fast von selbst steuern. Die Holzkähne mit den wuchtigen braunen Segeln dienten in den vergangenen Jahrhunderten dem Fischfang. In der DDR wurden bis in die 1970er-Jahre mit diesen Booten Hecht, Zander, Aal und Stint gefangen. Da die Ostseefischerei stark zurückgegangen ist, geht man heute neue Wege – und nimmt Touristen mit aufs Boot.

Nach dem Segeltörn auf dem Vorpommerschen Bodden schmeckt dann ein Räucherfisch. Täglich um halb zwölf öffnet der Fischverkäufer die Reuse der Räucheröfen direkt am Hafen. Meist steht dann schon eine Schlange Dorfbewohner an, um Aal, Makrele, Lachsforelle oder Forelle zu kaufen. Und dazu vielleicht ein nordisch-herbes „Fischland-Edel-Pils", das seit 2017 direkt hier in der hauseigenen Mikrobrauerei gebraut wird.

www.ostseebad-ahrenshoop.de

12 KATAMARAN-SEGELN, BARCELONA

Die Möglichkeiten, Barcelona vom Wasser aus zu erleben, sind beschränkt. Ein nachhaltiger Weg ist ein kleiner Segeltörn mit dem Katamaran Orsom. Auf dem 22,8 Meter langen Schiff ist

Platz für 80 Personen, die Visitenkarte verheißt „Bar, Toilette und Musik (in dieser Reihenfolge!) an Bord". Die begehrtesten Plätze sind auf dem Vorderdeck. Auf dessen trampolinartiger Bespannung kann man hervorragend chillen und durch die groben Maschen hinunter einen Blick auf das rauschende Meer werfen. Linker Hand liegt der Kreuzfahrthafen, wo Meeresgiganten wie die *Norwegian Epic* mit 4500 Passagieren eine ganz andere Preisklasse (und einen anderen ökologischen Fußabdruck) haben. Nach der Hafenausfahrt wird das Segel gehisst, das eine Fläche von 205 Quadratmetern hat. Am schönsten ist diese Tour im Abendlicht.

www.barcelona-orsom.com

13 PLOGGING, Z. B. AUF DEM BODENSEE

Normalerweise beträgt die Mietgebühr für ein Kanu für drei Personen am Bodensee etwa 45 Euro für drei Stunden. Der über *MB-Events* zu kontaktierende Bootsverleiher im Örtchen Moos möchte etwas gegen die Umweltverschmutzung tun und gibt einmal pro Tag ein Kanu kostenlos heraus, wenn man sich bereit erklärt, unterwegs Müll aufzusammeln. Der schwimmt leider sogar im schönen Bodensee mittlerweile zuhauf. Man erhält bei der Ausleihe neben Paddel und Schwimmwesten einen Müllbeutel und eine Greifstange, um den Müll herauszufischen. Auch für Anfänger ist diese

STOCHERKAHNFAHRT IM SPREEWALD

von bis zu 15 Meter hohen Felsvorsprüngen ins Meer stürzen. In einer der vielen Buchten wird geankert, dann ist Zeit zum Schwimmen, Essen und Trinken. Taucherbrillen und Flossen liegen auf der Jacht bereit, eine Schnorchelausrüstung ist ebenfalls an Bord. Und ganz nebenbei erlernt man unterwegs ein paar Handgriffe eines echten Seglers.

www.romantic-sailing.com

15 KAHNFAHRT DURCH DEN SPREEWALD

Insgesamt 970 Kilometer (!) natürliche Fließe und künstlich angelegte Kanäle durchziehen den Spreewald. Angst zu ertrinken muss man nicht haben: Im Durchschnitt sind die Fließe gerade mal 30 Zentimeter tief. Überall sieht man Anlegestellen für Kähne, die, ähnlich wie in Venedig, mit einer Stocherstange, hier „Rudel" genannt, bewegt werden. Das fügt sich bestens in den derzeitigen Slow-Travel-Tourismustrend. Die heutigen, 1,90 Meter breiten Kähne sind nicht mehr wie in alten Zeiten aus Holz gebaut, sondern aus Blech. 350 Fährleute, immer adrett in Uniform und mit Mütze gekleidet, gibt es noch im Spreewald. Selbst wenn ein Kahn mit 25 Leuten beladen ist, genügt die Muskelkraft des Fährmanns, um sein Wassergefährt voranzubringen. Vielleicht ist auf Ihrer Fahrt ein Postbote an Bord – einige Wohnhäuser hier sind nur vom Wasser aus erreichbar. Für touristische Touren gibt es mehrere Anbieter. Häfen finden sich in den Orten Lübben, Lübbenau, Burg und Lehde. Neuerdings finden auch im Winter Kahnfahrten mit Glühwein und Wolldecke statt.

Aktion möglich, man muss kein Paddelprofi sein. „Plogging" nennt sich diese Sammelei auf Neudeutsch, es gibt sie auch in Städten wie Berlin, Hamburg und Amsterdam. Wer einmal von einem Boot Anker geworfen hat und ihn wieder hochzieht, kennt das Problem: Der Grund deutscher Seen in Stadtnähe ist mittlerweile fast flächendeckend von einer Müllschicht bedeckt. In einigen Städten wie Hamburg wird das Plogging auch per Stand-up-Paddle-Board angeboten.

www.mb-events.de

14 SEGELN VOR PORTOCOLOM, MALLORCA

Portocolom im Osten der Insel Mallorca hat einen wunderschönen Naturhafen. Wer gern segelt, aber nicht gleich eine ganze Jacht chartern möchte, kann bei einem der Segeljacht-Charterer einen Tagesausflug buchen. Mit einem Skipper geht es dann zu den kleinen, abgelegenen Felsbuchten im Osten der Insel, bei gutem Wetter auch bis zur Insel Cabrera. In Buchten wie Cala Mondragó, Cala Serena oder Cala Mitjana sieht man manchmal, wie sich wagemutige Jugendliche beim Cliff-Jumping

Die Touren finden von März bis Oktober statt, teils mit Saxofonbegleitung – und sonntags auch als Wermuttour.

16 KAJAKFAHREN AUF DEM ODET, FRANKREICH

Sportlich und erlebnisreich ist die 16 Kilometer lange Kajakfahrt ab Quimper flussabwärts. Sie dauert rund drei Stunden. Wie bei den bequemen Bootsrundfahrten bilden Les Vire-Court, die schönen Schleifen am Unterlauf des Odet, den Höhepunkt der Tour. Beim geschäftigen Bénodet mündet der Fluss in den Atlantik.

Vedettes de l'Odet bieten ab Quimper oder Bénodet kurze oder längere Rundfahrten auf dem Odet, der in diesem Bereich den Gezeiten ausgesetzt ist, an. Einen Blick verdienen unterwegs die hübschen Schlösschen am Flussufer. Die traumhaften Strände mit weißem Sand, Pinien und Zypressen beiderseits der Mündung des Odet setzen sich nach Osten bis Beg-Meil fort. In Bénodet ist auch Kitesurfen und Segeln möglich, und zwar beim Club UCPA.

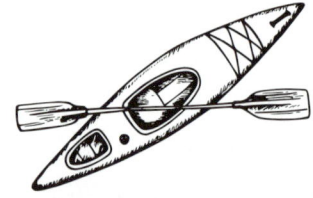

11 FLOSS- UND KANUFAHREN RUND UM LYCHEN

Am idyllischen Oberpfuhlsee hat Marcus Thum seine Floßstation „Treibholz" aufgebaut. Mittlerweile sind es drei große Flöße, mit denen er Gäste über die Seen der Region schippert. Davon gibt es hier zuhauf: Allein die Kleinstadt Lychen hat sechs (!) Seen. Einige der Gewässer haben Sichttiefen von bis zu acht Metern! Hier gibt es, ohne große Anstrengungen unternehmen zu müssen, Fischadler, Kraniche, Eisvögel, Biber, Sumpfschildkröten, Schwarzstörche und Fischotter zu sehen.

Die Flößerei hat in Lychen Tradition: Ab 1720 arbeiteten hier Flößer, die ihr Geld mit Holztransporten bis nach Berlin oder Hamburg verdienten. In den 1970er-Jahren kam dann das vorläufige Ende der hiesigen Flößerei. Doch dieses lokale Erbe geriet nicht in Vergessenheit: 1997 gründete man den Verein der Lychener Flößer, baute ein Flößereimuseum

und feiert nun alljährlich das Flößerfest. Der Flößerhafen in Lychen heißt heute wie eh und je „Floßablage". Zudem gibt es Kanadier für bis zu zehn Personen und Kajaks.

https://treibholz.com

DER LEUCHTTURM AUF DER
INSEL MARKEN

Werften sowie eine Räucherei aus der Zeit um 1900. In Enkhuizen sind Fassaden alter Kaufmannshäuser und Speicher zu sehen, außerdem liegen hier weitere historische Segelboote Mast an Mast.

www.willem-barentsz.nl

19 MIT DEM SOLARBOOT AUF DER PEENE

Die Peene ist ein sogenannter Küstenfluss, der bei Usedom in die Ostsee mündet. Die Sumpfgebiete der Mündung bei Anklam stehen größtenteils unter Naturschutz. Hier lässt es sich herrlich paddeln, müheloser geht's jedoch mit dem Solarboot voran. Unterwegs kann man die Wikingergräber in Menzlin entdecken oder eine Peenesafari auf den Spuren der Biber machen. Auch Birdwatching ist möglich, vor allem in den Morgenstunden. Die kleinen Solarboote sind führerscheinfrei und mit einer Persenning mit Fenstern abdeckbar. Für Neulinge gibt es eine Einweisung und eine kurze Probefahrt. Die Nachladung des Akkus erfolgt über das Solardach der Boote, das sogar bei bedecktem Himmel Energie liefert. Auch eine „Krabbenfahrt" gehört zum Angebot. Dabei erläutert ein erfahrener Naturführer die Eigenheiten des Flusstals. Dazu werden regionaler Apfelsaft, Torfkopp-Bier und schwedischer Aquavit gereicht.

www.abenteuer-flusslandschaft.de

18 SEGELN AUF DEM IJSSELMEER, NIEDERLANDE

Mit dem Großsegler *Willem Barentsz*, einem Dreimast-Schoner mit schneeweißem Rumpf und stilvollem Aufbau aus Teakholz, über das Ijsselmeer zu segeln, ist ein echtes Erlebnis. Beim Hissen der Segel sind helfende Hände der Mitsegler übrigens immer willkommen. Unter Deck gibt es zwei Salons, in der Kombüse wird für das leibliche Wohl gesorgt. Gebaut wurde die *Willem Barentsz* im Jahr 1931, 1988 fand ein Umbau zum Tagesausflugsschiff statt. Und da sie meist in Enkhuizen vor Anker liegt, bietet sich ein Besuch des hiesigen Zuiderzeemuseums an, einer der faszinierendsten Anlagen Hollands. Sie besteht aus dem Binnenmuseum, das sich dem Thema Land und Wasser widmet, und dem Freilichtmuseum mit 130 historischen Gebäuden, unter anderem Wohnhäuser, Fischerhäuser, Krämerläden, Werkstätten,

SOLARBOOTTOUR auf
DER PEENE

X

80 SOLARBOOTFAHREN MITTEN IN BERLIN

Angetrieben von der Sonne, die in Berlin ja immer häufiger scheint, werden die Solarboote der Firma Solar Water World. Die Stationen befinden sich in Köpenick und am Osthafen in Friedrichshain. Vom Osthafen lässt sich entlang der Spree die Innenstadt erkunden,

von Köpenick aus kann man die Dahme entlangschippern oder entlang der Müggelspree bis zum Müggelsee fahren. Auch wer keinen Bootsführerschein hat, kann eines der kleinen Boote mit zwei, acht oder zwölf Plätzen mieten. Die *SunCat46* mit 45 Plätzen ist allerdings nur mit Skipper mietbar, genau wie die *SunCat58* mit Platz für 55 Leute. Die Preise sind nicht hoch: Die *Suncat* für 12 Personen kostet 50 Euro pro Stunde.

Solar Water World ist der Pionier der mit Sonnenenergie betriebenen Boote in Berlin. Bereits 1995 eröffnete die Firma die weltweit erste Solarboottankstelle, damit die Boote auch nach Sonnenuntergang mit Sonnenenergie versorgt werden können. Ein Katamaran der Firma überquerte allein mit Sonnenenergie im Jahr 2007 den Atlantik nach New York.

www.solarwaterworld.de

81 SEGELN AUF DEM BODENSEE

Wer segeln möchte, aber keinen Segelschein hat, ist auf einen Skipper angewiesen. Auf dem schwäbischen Meer ist es besonders wichtig, professionelle Begleitung dabeizuhaben, denn hier können Wind und Wetter selbst für Profis bisweilen nicht leicht zu handhabende Überraschungen bereithalten. Besonders gefährlich, auch für geübte Segler, sind die warmen Fallwinde aus den Alpen, die sich auf dem See ausbreiten.

Der *Bodenseeskipper* in Sipplingen hat ein breites Programm für Segeltouren auf dem Bodensee, auch kurze Törns für ein paar Stunden gehören dazu. Man darf dabei sogar selbst ans Ruder! Und lernt, was es heißt, Segel zu setzen oder Knoten zu knoten. Auf der Tour kann man die kleinen Häfen am Überlinger See bestaunen, Zeit für einen Sprung ins Wasser ist auch noch übrig. Eine ganz eigene Stimmung haben die Touren bei Sonnenuntergang. Für Gruppen wird das Paket „Grillen und Segeln" angeboten. Fleisch, Gemüse und Brot für das Grillvergnügen kommen von regionalen Produzenten. Wer historische Segelboote kennenlernen will, sollte auf der *Lädine* anheuern. Lastensegler wie sie, die bis zu 120 Tonnen Ladung aufneh-

82 WATTWANDERUNG AUF JUIST

Wer nach Juist reist, sollte auf keinen Fall eine Wattwanderung mit Heino versäumen. Der etwas ruppige Guide hätte auch gut beim Militär Karriere machen können. Mit dem Stock zieht er gern Kreise in den nassen Sand. In den ersten werden die Schuhe der Teilnehmer gestellt, in den zweiten wirft er einige Dutzend lebende Muscheln. Dann wird ein Foto gemacht, und zwei Stunden später steht die Gruppe wieder an der Stelle. Zum Vergleichen. Und Staunen!

Nur zu gern berichtet Heino von seiner Kindheit, die er mit seinen Kameraden im Dorf und natürlich im Watt verbrachte; von Scherzen, wie den Mädels eine Krabbe in den Nacken zu

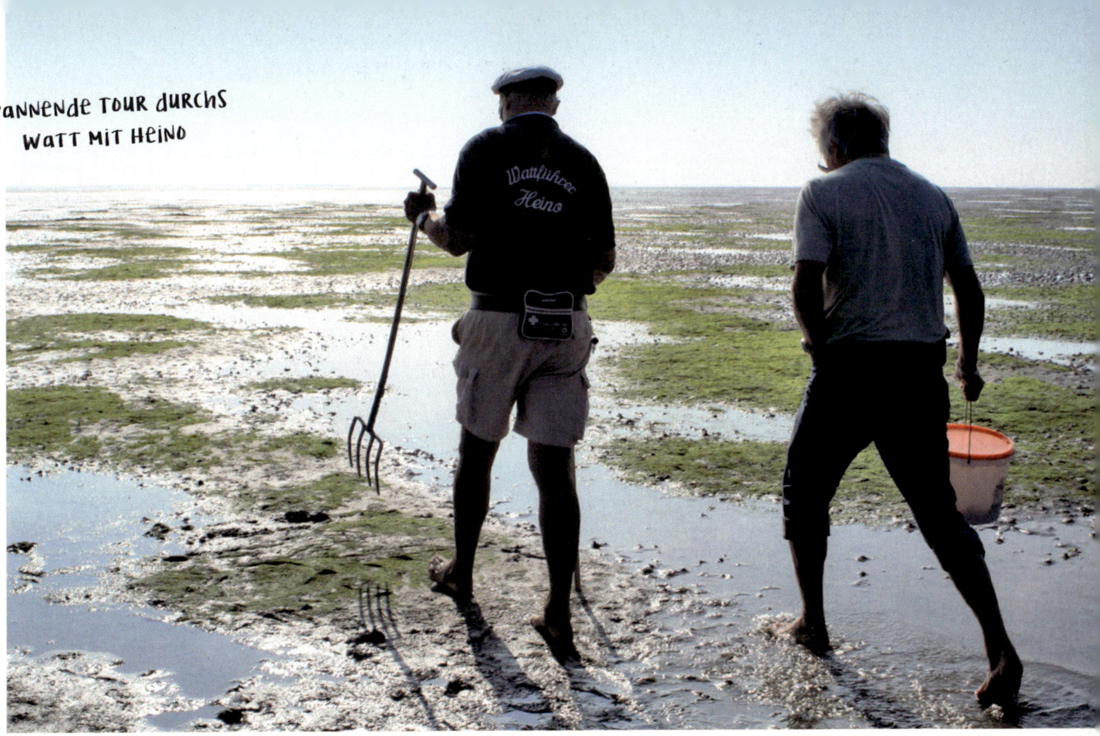

men konnten, fuhren erstmals im 15. Jahrhundert über den Bodensee. Die *Lädine*, seit 1999 im Dienst, ist ein detailgetreuer Nachbau.

www.bodenseeskipper.de
www.laedine.de

setzen, oder von der „lebenden Wasserpistole", einer Muschelart, die sich mit Wasser vollpumpt. Eindrucksvoll ist das Wasserglas mit dem braunen Morastwasser – die Muscheln, die Heino dort hineinsetzt, haben es innerhalb von einer Stunde glasklar gereinigt. Stolz wie Bolle ist Heino auf das Fangverbot für Herzmuscheln, von dem er höchstpersönlich die „große Politik" überzeugte, sodass es nun gesetzlich verankert ist. Und der Friese gibt seinen Gästen noch einen Rat mit auf den Weg: Muscheln zu essen, sei ein großer Frevel an der Natur – denn von Muscheln hänge das ganze Leben im Watt und im Meer ab. Die Restaurants in Juist haben kaum Muscheln auf ihren Speisekarten. Ob Heino auch hier seine Finger im Spiel hatte?

www.heino-juist.de

83 KITESURFEN AUF LANGEOOG

An Wind ist auf Langeoog kein Mangel. Beste Voraussetzungen also für Kitesurfer. Dazu gibt es einen sehr langen Sandstrand, der nicht allzu bevölkert ist. Und eine vorgelagerte Sandbank, die nur bei Hochwasser überflutet ist und die die Wellen abhält. Wer noch keine Kiteboard-Erfahrung hat, sollte erst einmal einen Kurs belegen. Die komplette Ausstattung dafür – Neoprenanzug, Helm, Trapez, Bar, Safetylash und Board – wird vom Vermieter gestellt. Erfahrung im Windsurfen ist hilfreich, aber kein Muss. Zehn Jahre alt sollte man mindestens sein und mindestens 35 Kilo wiegen. Aus Naturschutzgründen ist auf Langeoog eine Kitesurfzone festgelegt worden, an die man

sich strikt halten muss. Sie ist 130 Hektar groß und wird durch Begrenzungen gekennzeichnet. Für Windsurfer gilt auf Langeoog die Befahrensregelung im Nationalpark Wattenmeer.

www.kiteboarding-langeoog.eu

84 SURFEN IM ENGLISCHEN GARTEN IN MÜNCHEN

Seit 50 Jahren nutzen Surfer in München eine Welle mitten in der Stadt, und zwar am Eisbach im Englischen Garten. Mit seiner starken

X

Strömung formt er vier regelmäßig surfbare Wogen. „Mia san mia" sagen die Münchner da bloß, klemmen sich ihr Brett unter den Arm und marschieren zum Surfspot. Anfänger sollten allerdings aufpassen: Im Abwärtssog besteht das Risiko einer Begegnung mit scharfen Steinen. Eine zweite potenzielle Surfstelle findet sich ein paar Hundert Meter weiter stromabwärts, die kleine Eisbachwelle. Dort ist aufgrund der Betonbegrenzungen an beiden Ufern das Surfen gefährlich und deshalb verboten. Wegen Überlastung des städtischen Surfspots kommt es mittlerweile nicht selten vor, dass man zum Wellenreiten anstehen muss.

www.eisbachwelle.de

85 SCHIFFFAHRT ÜBER WIESEN, POLEN

Ein Schiff, das bergauf über eine grüne Wiese schwebt? Sieht man genau hin, durchschaut man den Trick. Das Schiff schwebt nicht in der Luft, sondern liegt auf einem Wägelchen, das mithilfe eines Seiles eine Rampe hinaufgezogen wird. Hat es die Anhöhe erklommen, gleitet es wieder in sein eigentliches, nasses Element. Dieses Abenteuer kann man im polnischen Elblag erleben. Der Oberländische Kanal, auf dem sich das Schauspiel ereignet, ist ein technisches Meisterwerk. Da die Schiffe auf einer zehn Kilometer langen Strecke einen Höhenunterschied von 104 Metern überwinden müssen, werden sie fünfmal auf fahrbare Untersätze gehievt und auf geneigten Ebenen unter Ausnutzung von Wasserkraft zum nächsten See gezogen. Das raffinierte System entstand bereits im Jahr 1844! Die Riesenmaschine, die hier in Betrieb ist, steht in krassem Gegensatz zum aktuellen Trend zur Minimierung. Die Pioniere des Industriezeitalters entfalten heute eine ganz eigene Ästhetik. Die Route führt von Elblag 82 Kilometer lang über mehrere Seen bis nach Ostróda – oder in umgekehrter Richtung. Vereinzelt wird die befahrbare Rinne durch Wasserpflanzen derart eingeengt, dass das Schiff im Schneckentempo fahren muss. Ab und zu öffnet sich der Blick auf das eine oder andere Dorf, das vom Sumpf wie eingeschlossen wirkt.

www.zegluga.com.pl

86 RAFTING IM VALLDALEN, NORWEGEN

Jahrtausende hatte der reißende Fluss Valldola Zeit, sich sein Bett in die wild-verwunschene Landschaft zu graben. Auf gut elf Kilometern windet er sich hinab ins Tal und gibt sich dabei redlich Mühe, seine Vielfalt zu zeigen. Treffpunkt für Rafting-Fans ist das Büro von Valldal Naturopplevingar. Dort nehmen sich die nur so vor Energie strotzenden Guides ihrer Gruppe an und statten sie mit der Ausrüstung aus. Der erste Flussabschnitt ist noch recht zahm und super geeignet für das Üben von Standardkommandos. Mit den ersten Stromschnellen beginnt das Abenteuer. Wasserwirbel wechseln sich mit ruhigen Abschnitten ab. Dann folgt der actionreiche Teil. Die Zahl der Stromschnellen nimmt zu und auch deren Länge, sodass manch einen die Wehmut packt, wenn der Fluss wieder im gemütlichen Tempo fließt und der Schlusspunkt in Valldal erreicht ist. Erfahrung ist fürs Raften nicht nötig. Man sollte aber mindestens 15 Jahre alt sein.

www.valldal.no

81 PADDELN DURCH LONDON

Über die Tower Bridge laufen täglich Tausende von Touristen. Spannender ist es, darunter hindurch zu fahren – zum Beispiel mit dem Paddelboot. In der City gibt es eine Reihe von Bootsverleihern, sogar nächtliche Touren wer-

den angeboten. Neben der Themse bieten sich noch einige Kanäle zum Paddeln durch London an. Da wäre der Hertford Union Canal, der sich durch South Hackney entlang des Victoria Parks zieht, oder der River Lea, der durch den Queen Elizabeth Olympic Park führt. Auf dem Lee River im Norden der Stadt kann man durch den riesigen Lee Valley Park paddeln, der sich über eine Länge von unglaublichen 26 Meilen (42 Kilometer) erstreckt und London als grüne Lunge dient. Der Park wird bis 2029 mit einem Biodiversity Action Plan nachhaltig wieder-belebt. Verleihe gibt es auch in den Londoner Vororten Kew Bridge (Gunnersbury), Putney (Hurlingham) und Brentford Lock. Bei Brentford Lock fließt der River Brent, der dann in die Themse mündet – genau dort, wo die großen Grünanlagen Syon Park und Royal Botanic Gardens mit vielen weiteren Freizeitattraktionen wie einem Baumwipfelpfad locken. Auch SUPs werden zur Miete angeboten.

88 PLITVICER SEEN, KROATIEN

Der Nationalpark Plitvicer Seen umfasst 295 Quadratkilometer. Darin sind 16 miteinander verbundene Seen enthalten, die ganze Kaskaden von neben- und übereinander gelagerten Wasserfällen bilden. Der höchste hat eine Fallhöhe von 76 Metern! Weil die Dämme aus dem weichen Kalktuff ständig wachsen oder wieder einstürzen, verändert sich auch die Landschaft von Jahr zu Jahr. Am besten beginnt man die Erkundung des Parks bei

Eingang 1. Kurz darauf eröffnen sich herrliche Ausblicke auf die hohen Sastavci-Wasserfälle des Plitvice-Baches. Auf einem Steg quert man einen Kalktuffdamm und gelangt an den Fuß der Wasserfälle. Sie haben eine Art Amphitheater mit senkrechten Wänden in das Gestein geschnitten. Der flussaufwärts führende Weg passiert nun den Kaluderovac Jezero. Auf einem Bohlenpfad geht's anschließend unter den Wasserfällen des Gavanovac hindurch und hinauf zum langgestreckten Gavanovac Jezero. Über einen kurzen Anstieg erreicht man den größten der Seen, den Kozjak Jezero. Auf ihm kann der Weg durch den Park mittels einer Fahrt mit dem Elektroboot verkürzt werden.

89 SEGELN AUF DEM NIEDERSEE, POLEN

Segeltouren inmitten der Natur? Hier werden Träume jedes umweltbewussten Fans dieses edlen Wassersports wahr. Der 23 Kilometer lange Niedersee ist gegen Norden zum offenen Halbmond geformt und fast gänzlich von der Johannisburger Heide umgeben, einem riesigen Waldgebiet in Masuren. Bis auf einen Abschnitt bei Ruciane-Nida sind Motorboote hier nicht erlaubt, denn das Gewässer steht unter Naturschutz. Es ist ein Mekka für alle, die Einsamkeit oder Zweisamkeit suchen. Abends legt man an einem menschenleeren sandigen Ufer am Waldrand an. Im Norden schließt sich über einen Kanal der kleine Wielka Guzianka an, auf dem sich Segelboote und Ausflugsschiffe tummeln, die meist durch eine Schleuse schon den Weg von Mikolajki über den Jezioro Bedany zurückgelegt haben. Ruciane-Nida ist heute das Zentrum des Fremdenverkehrs am Niedersee mit zahlreichen Möglichkeiten zum Schwimmen, Surfen, Segeln und Paddeln. Eine vielbesuchte Attraktion ist die Schleuse Sluza Guzianka zwischen Beldahnsee und Guschienen-See.

www.bootsurlaub-polen.de/reviere-haefen/masuren-masurische-seenplatte

90 AUF EINEM GROSSSEGLER DURCHS MITTELMEER

Die nackten Zahlen beeindrucken: Die *Star Flyer*, eines der größten Segelschiffe der Welt, hat eine Länge von 115 Metern, eine Segelfläche von 3300 Quadratmetern, eine Masthöhe von 63 Metern und kann bis zu 170 Passagiere beherbergen. Ein Aufenthalt auf einem solchen Großsegler, der allein durch Windkraft angetrieben wird, ist ein ganz spezielles Erlebnis. Die moderne Technik, über die das Schiff selbstverständlich auch verfügt, ist gut versteckt. Äußerlich wirkt es wie einer jener historischen Segler, die vor 100 Jahren auf den Weltmeeren kreuzten. Technisch ist die *Star Flyer* eine Barkentine, mit Rahsegeln am Vormast. Das ist höchst fotogen: Wo immer die *Star Flyer* in einen Hafen einläuft, richten sich Fotoapparate und Handys auf das stolze Schiff. Auf Deck gibt es zwei kleine Pools und jede

Menge altertümlich wirkende Instrumente und Vorrichtungen, um die gewaltigen Mengen von Seilen zu vertäuen. Überall glänzt poliertes Teakholz. Und beim Anblick des hölzernen Steueruders drängen sich Piratenschiff-Phantasien auf.

Unterwegs kommt nur selten in der Ferne ein anderes Schiff in den Blick. Hin und wieder wird das Rauschen von Wind und Wellen von lauten Rufen übertönt, wenn jemand Delfine gesichtet hat.

Die *Star Flyer* steuert vorzugsweise kleine Häfen wie Monaco, Saint-Tropez oder Cannes an. Da das Schiff dort nicht direkt an der Mole anlegen kann, werden die Passagiere mit einem Tenderboot an Land gebracht.

www.starclippers.com

91 MIT DEM E-HAUSBOOT DURCH FRIESLAND, NIEDERLANDE

Vom Hafen in Koudum aus lassen sich die Seen De Fluessen und De Morra erkunden. Auch das Ijsselmeer ist schnell erreicht. Besonders umweltfreundlich geht das mit einem elektrischen Hausboot, das man mieten kann. Diese Boote sind mit TV, Internet, Radio, Kaffeemaschine, Glaskeramikherd und Mikrowelle ausgestattet. Alle Steckdosen haben 220 Volt. Lithium-Batterien speichern den Ökostrom. Dieser Strom wird zum Teil durch Sonnenkollektoren auf dem Dach des Bootes erzeugt. Das Boot selbst hat einen zehn Kilowatt starken Fischer Panda Motor mit einem leisen Hybrid-Generator. Da alle Bootseinrichtungen elektrisch funktionieren und sich kein Propangas mehr an Bord befindet, ist die Sicherheit auch höher. Wasser wird im Boiler erhitzt. In Verbindung mit der Luftheizung sorgen die isolierten Wände im Bootsinneren immer für angenehme Wärme. Einen Bootsführerschein benötigt man für die elektrischen Hausboote nicht.

www.friesland-boating.de

92 MIT DEM E-HAUSBOOT DURCHS ELSASS

Eine Tour mit dem E-Hausboot *Nicols Sixto Green*, das Platz für sechs bis acht Personen bietet, ist wegen des emissionsfreien Antriebs nicht nur umweltfreundlich, sondern auch besonders leise. Um die Lithium-Ionen-Akkus aufzuladen, reicht normalerweise die Mittagspause. Aufladestationen stehen in ausreichen-

der Zahl zur Verfügung. Das Boot kann von jedermann gefahren werden, ein Bootsführerschein ist nicht notwendig. Das geräumige Hausboot hat drei Kabinen, zwei Badezimmer, eine Küche und einen Aufenthaltsraum mit Panoramablick. Es gibt eine Badeleiter, eine Außendusche, TV, DVD, Radio und CD. Eine schöne Route führt von Saverne auf dem Marne-Rhein-Kanal und dem Canal des Houillères de la Sarre nach Harskirchen, hier gibt es auf 120 Kilometern 50 Schleusen. Die reine Fahrzeit beträgt rund 32 Stunden.

www.nautic-tours.de

93 STAND-UP-PADDLING IN HAMBURG

Stand-up-Paddling hat sich in Hamburg fest etabliert. Wasser gibt es hier ja genug! An der Außenalster warten die Bretter der Alstersurfer. Wer das Stand-up-Paddling erst einmal richtig lernen möchte, ist beim SUP CLUB Hamburg gut aufgehoben. Zum Entspannen steht hier ein Holzdeck mit schöner Aussicht zur Verfügung. Der SUP Club veranstaltet auch Paddle-Surf-Rennen, Kurse für SUP-Yoga und SUP mit dem Hund. Mitten in der Winterhude, am Mühlenkamp, verleiht SUP Legion Boards, um damit auf den vielen Kanälen die City zu erkunden. Die SUPco in Eppendorf hat ihren Sitz direkt am Hayns Park, von dem man einen schönen Blick auf die Alster hat. Neben Stand-up-Paddle-Surfkursen gibt es hier auch Events, gemeinsam zu paddeln hat seinen eigenen Reiz. Und wer ins südliche Hamburg in die Marschlande will: In Reitbrook, hinter dem Naturschutzgebiet Die Reit, das umschlos-

MAN TRIFFT SICH BEIM STAND-UP-PADDLING
auf der AISTER.

X

sen von Gose Elbe und Dove Elbe ist, verleiht Paddel Meier – ein Bootsverleih, der neben Ruderbooten und Kajaks auch SUP-Boards im Angebot hat, seine Wasserfahrzeuge.

94 SURFEN IN DER BRETAGNE, FRANKREICH

Die meisten Surfer gehen in Frankreich immer noch an die Atlantikküste im Südwesten des Landes. Dabei bietet auch die Bretagne viel! 1200 Kilometer Küste bedeuten Badefreude im Großformat. Wenn man jede Bucht einrechnet sogar 2700 Kilometer! Die Bretagne liegt

außerdem etwas näher an Deutschland als die Atlantikküste im Südwesten. Weiterer Vorteil: Im Gegensatz zur Atlantikküste im Südwesten gibt es in der Bretagne eine Nordküste, eine Westküste und eine Südküste. So kann man je nach Wind und Welle immer eine surfbare Welle finden. Vorsicht allerdings bei Strömungen in der Nähe von Flussmündungen! Strandorte, die sich besonders auf Segelsportler eingerichtet haben, tragen das Label *Station Voile*. Die schönsten Orte für Wellenreiter in der Bretagne sind Sainte-Barbe, Primel-Trégastel, Saint-Tugen, Pointe des Kaolin und La Mauvaise Grève. Auch das Bodyboarden ist hier ziemlich beliebt. Bei La Mauvaise Grève

AUCH AUF DER HALBINSEL CROZON KANN MAN WUNDERBAR SURFEN.

ist allerdings Vorsicht geboten, denn dort ist der Untergrund steinig, es gibt Korallen und instabile Strömungen.

95 WILDWASSER-RAFTEN, CEVENNEN, FRANKREICH

Fans von Wildwasser-Rafting haben in den Cevennen ein üppiges Revier. Vor allem für Anfänger eignet sich diese Gegend, da die Wasser hier gar nicht allzu wild sind. Beliebt sind die Gorges de l'Allier, die Schlucht(en) des Allier-Oberlaufes. Er ist den ganzen Sommer über befahrbar. In den Orten entlang des Allier werden Kanus und Kajaks zum Verleih angeboten, auch organisierte Touren finden statt. Die größten Basen gibt es in den Orten Langeac, Monistrol d'Allier und in Chapeauroux. Die bekannteste Rafting-Strecke im Zentralmassiv ist aber der Tarn in den Cevennen. Dessen Schlucht ist spektakulär, doch die Streckenführung des Flusses so einfach, dass sie auch für Familien mit kleineren Kindern unproblematisch ist. An allen Campingplätzen werden Kanus verliehen. Der belebteste Ort ist Sainte-Énimie – La Malène und Les Vignes dagegen sind ruhiger und liegen näher zum Les Détroits genannten engsten Schluchtabschnitt und dem weiten Talkessel Cirque des Baumes. Auch die Sioule sowie der Lot sind beliebte Paddelflüsse. Bei den Verleihstationen erhält man Schwimmwesten, eine wasserdichte Tonne für Gepäck und Proviant sowie Routenskizzen. In der Bootsmiete inbegriffen ist der Rücktransport zum Ausgangspunkt.

96 WALBEOBACHTUNG VOR SÜDFRANKREICH

„Wir lieben, was uns fasziniert. Und wir schützen, was wir lieben" – unter dieses Motto (einen Satz des Meeresforschers Jacques-Yves Cousteau) hat die Organisation *Souffleurs d'Ecume*, die sich dem Schutz von Walen wid-

PARADIES FÜR SCHNORCHLER UND TAUCHER AM FUß DES MONTE CONERO

X

met, ihr Walbeobachtungs-Programm gestellt. Um es nachhaltig zu gestalten, wurde zusammen mit Veranstaltern, Wissenschaftlern und NGOs das „High Quality Whale Watching Certificate" erstellt. Das Beobachten von Walen, so die Organisation, könne nur bereichernd sein, wenn dabei das marine Leben respektiert werde. *Souffleurs d'Ecume* empfiehlt auf der Internetseite mehrere Anbieter zur Walbeobachtung, in verschiedenen kleinen Küstenorten. Zum Teil finden die Exkursionen mit Segelbooten statt, zum Teil mit Speedbooten. Beobachtet werden können der gestreifte Delfin, der große Tümmler, der Rundkopfdelfin, der Cuvier-Schnabelwal, der Pottwal, der Finnwal und der Grindwal. Natürlich kennt die marine Welt keine Grenzen, und die Delfine und Wale können sich frei bewegen. Doch in jedem Ökosystem findet ein Teilen statt. Deswegen bevorzugen Wale bestimmte Gebiete, die zu ihrem Beuteschema passen und zu ihrem Kampf um die Ressourcen.

www.whale-watching-label.com

91 WASSERSPORT IN DEN MARKEN, ITALIEN

Die Seebäder der mittelitalienischen Region Marken bieten zwischen Pesaro im Norden und San Benedetto del Tronto im Süden knapp 180 Strandkilometer, über denen als Zeichen einer guten Wasserqualität fast überall die blaue Fahne weht. Die meisten Badeorte betreiben einen Touristenhafen mit Liegeplätzen für Segel- und Motorboote und entsprechendem Service für deren Besatzung. In nahezu jedem Küstenort werden Surf- und Tauchkurse

angeboten und das entsprechende Equipment verliehen. Die felsigen Ufer am Fuß des Monte Conero gelten als erste Adresse für passionierte Taucher. Der 572 Meter hohe Berg liegt auf einer Landzunge, die ins Meer hineinragt, seine Felsen fallen steil ins Wasser ab. In Senigallia gibt es Kurse für fast alle Wassersportarten: Von Stand-up-Paddle-Surf über Kitesurfing bis zum Segeln und Surfen. Der August ist Segel-Hauptsaison der Italiener, dann wird es voll auf dem Wasser. Stille Buchten zum Ankern wie in Kroatien gibt es an dieser Küste

IN DER BUCHT VON ERMONES IST das WASSERSPORTANGEBOT GROß.

allerdings kaum. Ein guter Tip für Surfer ist der Strand von Sassi Neri beim Monte Conero. Er ist allerdings nur zu Fuß erreichbar.

98 SEGELN VOR KORFU

Das Segeln auf dem Ionischen Meer ist sanfter als das Segeln in der Ägäis, also auch für Anfänger besser geeignet. Der Wind erreicht hier fast nie Stärken von mehr als sechs Beaufort, meist ist das Meer ruhig, starke Strömungen treten kaum auf. Häfen und Ankerbuchten dagegen gibt es in großer Zahl. Die Marina Gouvia auf Korfu ist eine der ältesten Marinas in Griechenland, der Ort hat einen

gewissen morbiden Charme. Hier lassen sich auch Gulets chartern, die klassischen hölzernen Segelschiffe der Türken. Die größte Auswahl hat man aber an Katamaranen, die zum Teil bis zu zwölf Kojen haben. Die Preise für eine Segelwoche liegen bei 2000 Euro aufwärts. Ein ganz besonderes Segelschiff ist die Brigantine Merlin, die auf www.oldtimer-yachtclub. ch gebucht werden kann. Sie wurde 1972 als Hochseefischerboot aus Teakholz erbaut. Auf dem Zweimaster haben zwölf Personen Platz.

Wer die Seemannsknoten Palstek, Schotstek oder Webleinstek auf Slip noch nicht kennt, der hat während eines Törns genügend Zeit, sie zu lernen.

Um nachhaltig nach Korfu zu kommen kann man mit Zug oder Bus von Deutschland aus nach Bari in Italien fahren und von eine Fähre nach Korfu nehmen. Von München aus muss man dabei mit einer Reisedauer von rund 40 Stunden rechnen.

99 SCHWIMMEN IM LAC D'ANNECY, FRANKREICH

Es heißt, der See von Annecy sei der sauberste See Europas. Auf jeden Fall ist er riesig (27,4 Quadratkilometer) und tief (bis 80 Meter). Gebildet wurde er in der Eiszeit. Dafür, dass das Wasser in dem Bergsee auf 447 Metern Höhe nicht zu kühl wird, sorgen heiße Quellen, die ihn speisen. Die Ufer sind in vielen Berei-

ENTSPANNENDES BAD
SALZSEE

chen mit Gras bewachsen, an manchen Stellen gibt es kleine Kiesstrände. Und dort kann man tief ins türkisblaue Wasser schauen (im Sommer liegt die Wassertemperatur durchschnittlich bei 24° Celsius). Drumherum immer im Blick: die Gipfel der Alpen. Der höchste ist der Tournette mit einer Höhe von 2351 Metern. Schon im Jahr 1957, als Umweltschutz noch weithin ein Fremdwort war, kümmerte man sich am Lac d'Annecy um die Erhaltung der Natur. Unter der Ägide von Bürgermeister Charles Bosson gründete man dazu einen Gemeindeverband des Sees. Ebenfalls vorbildlich: Auf der Ostseite des Sees gibt es einen für den Autoverkehr gesperrten Radweg mit einer Länge von 30 Kilometern. Einige Strände, etwa die Plage de l'Imperial und der Strand von

Albigny, sind frei zugänglich, Strandbäder wie die in Angon und Saint-Jorioz verlangen ein geringes Eintrittsgeld.

100 SCHWIMMEN IM MIR-SEE, KROATIEN

„Mir" heißt „Frieden". Und friedlich ist es am so benannten See im Naturpark Telascica. Er befindet sich auf der 43 Kilometer langen, aber nur rund fünf Kilometer breiten Insel Dugi Otok in Dalmatien, nicht weit von Zadar entfernt. Der Mir-See ist einer der wenigen salzhaltigen Seen in Europa. Das Salzwasser dringt hier durch unterirdische Risse vom Meer ins Inselinnere. Im Sommer ist es immer

X

einige Grad wärmer als das Meerwasser, es kann sich bis 33° Celsius aufheizen. Wegen des Salzgehaltes gibt es nur wenige Wasserpflanzen. An der südöstlichen Seite des Sees findet sich aber Heilschlamm. Der See ist nur zu Fuß erreichbar, wohl deshalb hat man hier mit etwas Glück eine idyllische Bucht für sich allein. Der Wald reicht an vielen Stellen bis ans Ufer heran, ein natürlicher Schattenplatz ist also in Reichweite. Zur Abwechslung unternimmt man eine kleine Wanderung zu den imposanten Felsklippen von Telascica an der Nordseite des Sees.

101 STRAND OHNE MEER IN LLANES, SPANIEN

Normal ist an diesem Strand wenig. Zwar liegt man auf feinem, weißem Sand und hört vor sich das Plätschern der Wellen, doch statt des weiten Meereshorizonts erblickt man eine rund 50 Meter hohe Felswand. Der Atlantik liegt dahinter, rund 100 Meter entfernt. Das türkisblaue, kristallklare Wasser des kleinen „Sees" mit Wellen stammt aus dem Meer.

Durch eine Art Felstunnel wird diese Senke mit Wasser und Wellen versorgt. Sogar Ebbe und Flut gelangen bis zum Strand von Gulpiyuri. Neben dem Plätschern der Wellen ist ein Gegurgel hörbar, das von den Wassermassen stammt, die sich durch die Felsen zwängen. Das kleine Naturwunder lässt sich zurückführen auf die Kraft der Wellen, die über Jahrmillionen gegen die Felsküste schlugen und einen Erosionsprozess in Gang setzten. Das Meerwasser fraß sich einen Tunnel durch den Berg. Durch ihn kann man theoretisch durch den Felsen bis zum Meer schwimmen, wegen der spitzen Felsen ist dies aber nicht ungefährlich. Am 40 Meter langen Strand, der sich in einer Senke befindet, liegt man geschützt rund 10 Meter unterhalb grüner Wiesen, auf denen Ziegen grasen. Das Atlantikmeerwasser ist klar, aber meist auch recht frisch. Im August erreicht die Wassertemperatur den Höchststand von 20° Celsius. Zu finden ist das Naturwunder nicht einfach. Nur Einheimische kennen den unbeschilderten Feldweg, der von der Autobahnausfahrt 313 abzweigt. Weiter ausladendes Badevergnügen und prachtvolle Natur finden sich am Strand von Poo, der nur fünf Minuten entfernt ist. Gerade für Familien mit kleinen Kindern ist er bestens geeignet, das Wasser in der muschelförmigen Bucht ist überall flach. Die Bucht geht über in eine Lagune, die ebenfalls über Sandstrand verfügt. Hier gibt es auch zwei einfache Restaurants mit regionalen Spezialitäten. Ein Glas Weißwein kostet auf der Sonnenterrasse 1,50 Euro, dazu bekommt man ein Schälchen Oliven. Das nahe gelegene Jakobsweg-Städtchen Llanes wartet mit mittelalterlichem Flair auf. Sehenswert sind der Ortskern und der Hafen, der sich durch das Dorf zieht.

ETWAS
LERNEN
AUF REISEN

Lernen macht glücklich, auf Reisen vielleicht sogar ganz besonders. Vor allem, wenn man dabei nicht nur sich selbst im Sinn hat.

102 GARTENBAUKINO, WIEN

Beim Kino-Erlebnis aktiv werden in puncto Nachhaltigkeit? Das 1960 als letztes Einsaalkino Wiens erbaute *Gartenbaukino*, Dokument einer fast vergessenen Kinokultur, macht's möglich. Zur Premiere gab's damals „Spartacus" von Stanley Kubrick, Stargast war Kirk Douglas. Nachdem das Kino wegen des Aufkommens

der Multiplexe 1998 nur knapp der Schließung entgangen war, blieb sein Schicksal für Jahre in der Schwebe, ehe sich schließlich ein Retter fand, der es seitdem als Arthouse-Kino betreibt.
2017 wurde das Kino mit dem Umweltpreis der Stadt Wien für die Nachhaltigkeits-Initiative *#kinodenktweiter* ausgezeichnet. Einen Teil dieser Initiative machen Veranstaltungen zum Thema Nachhaltigkeit aus. So war die Zero-Waste-Ikone Bea Johnson mit einem Vortrag im Kino zu Gast, die Bloggerin dariadaria sprach über Fair Fashion, Rajendra Singh informierte

darüber, wie er den Ganges in Indien reinigen will. Man unternahm aber auch ganz praktische Nachhaltigkeits-Schritte. So wurde eine 100 m² große ausgediente Leinwand zu Umhängetaschen und Rucksäcken upgecycelt. Die Energieversorgung des Hauses basiert heute auf Wasserkraft, auch die Abfallwirtschaft wurde neu und nachhaltiger geplant. Nachhaltig ist zudem, dass die alten Filmprojektoren von 1960 noch heute im Einsatz sind – jedenfalls für „echte" Filme.

www.gartenbaukino.at

103 FLAMENCO TANZEN, SEVILLA

Sevilla ist der perfekte Ort, um Flamenco zu lernen, innerhalb der Stadt ist das Viertel Macarena ideal, wo viele Peñas zu Hause sind, jene traditionellen Vereine, die fast jede Nacht Flamenco anbieten. Die Schule *Taller Flamenco* bietet das ganze Jahr über Kurse in Flamenco-Tanz, Flamenco-Technik, Gitarre, Combos und Palmas, Gesang, Perkussion, Castanuelas und Spanisch an. Von Letzterem sollte man unbedingt Grundkenntnisse haben, denn bei Taller und in allen anderen Flamenco-Schulen Sevillas ist Spanisch die Unterrichtssprache. Die Gruppen werden gemischt zusammengestellt, ihre Größe ist auf sieben Teilnehmer beschränkt. „Wichtig ist es, den Flamenco mit dem ganzen Körper zu verstehen, seine Schüchternheit hinter sich zu lassen und Vertrauen in den Körper zu

Bei der Arbeit im Wald kommt gelegentlich auch die Axt zum Einsatz.

haben", so ein Profi-Tipp. Das beim Flamenco wichtige rhythmische Klatschen (Palmas) wird in Extrakursen gelehrt. Deren Inhalte sind Rhythmus, Contratiempo und Struktur des Gesangs.

Bei der Zimmersuche ist die Schule behilflich.

www.tallerflamenco.com

104 BERGWALDPROJEKT, VAL MEDEL

1990 verwüstete der Orkan Vivian in Europa riesige Waldflächen. Im Alpenraum traf er viele Schutzwälder, die Dörfer und Straßen vor Lawinen und Steinschlag schützten. So auch im schweizerischen Val Medel, wo das Dorf Curaglia betroffen war.

Das Bergwaldprojekt unterstützt den Forstdienst im Val Medel bei der Wiederaufforstung der damals verwüsteten Waldgebiete. Aber nicht nur das. Das abgelegene, stark landwirt-

schaftlich geprägte Tal leidet auch unter der Abwanderung vieler junger Leute, manche Wiesen und Weideflächen wurden nicht mehr gepflegt. Deshalb widmet sich das Bergwaldprojekt nicht zuletzt der Erhaltung von Wiesen und Weideflächen. Unter anderem werden Wildschutzzäune errichtet, Begehungswege gebaut, offene Flächen entbuscht und Waldränder gepflegt.

Nach dem Frühstück um 6.30 Uhr beginnt der Arbeitstag, für den man eine gute körperliche Verfassung sowie Trittsicherheit braucht – zum Teil wird auf steilen Flächen gearbeitet. Ein Halbtag pro Woche ist für eine forstliche Exkursion in der näheren Umgebung reserviert.

Als Unterkünfte stehen einfache Mehrbettzimmer (WC und Duschen auf dem Flur) zur Verfügung, auf den Tisch kommen regionale, saisonale und biologische Produkte, Fleisch spielt keine Hauptrolle.

www.bergwaldprojekt.ch

105 GOLD SCHMIEDEN, GÖRLITZ

Selbst ein Schmuckstück zu gestalten, ist ein besonderes Erlebnis, als Ergebnis hat man eine greifbare Erinnerung, die ein Leben lang hält. Die Hobbygoldschmiede Oliver Kargus bietet Kurse im Bearbeiten von Edelmetallen wie Weiß-, Gelb-, Rotgold und Platin. Darin lernt man das Material zu sägen, zu feilen, zu löten und zu polieren sowie Ringe, Anhänger, Colliers oder Fassungen für Steine anzufertigen. Auch die Reparatur von Schmuck steht auf dem Plan. Vorkenntnisse sind nicht erforderlich, jeder kann sofort anfangen.
Zusätzlich zur Kursgebühr muss das verwendete Edelmetall, das genau abgewogen wird, bezahlt werden. Ganz nebenbei: Görlitz ist auch ein tolles Reiseziel – in Deutschland gibt es keine Stadt mit mehr im Original erhaltenen mittelalterlichen Häusern.

www.hobbygoldschmiede.de

106 FOTO-WORKSHOP, LJUBLJANA

Im Zeitalter der Handyfotografie werden eher zu viele Fotos geschossen als zu wenige. Sich auf gute Fotos zu konzentrieren und dem einzelnen Motiv mehr Beachtung zu schenken, das ist ein Ziel der *Esenko*-Foto-Workshops. Nachhaltigkeit ist dabei Programm: Die Agentur mit Sitz in Ljubljana unterstützt bei ihren Exkursionen in die Region und in Nachbarländer lokale Geschäfte und Initiativen. Auch bezüglich Kost und Logis wird diesem Aspekt große Beachtung geschenkt.

Ausgangspunkt der Exkursionen ist Ljubljana. Schlechtes Wetter ist übrigens kein Hinderungsgrund, je nach Programm könnte aber mangelnde körperliche Fitness einer sein. So geht es etwa beim Workshop „Winter in Slowenien" auf schneebedeckte Berge und zu tief verschneiten Bergkirchen. Der Tierfotografie widmet sich zum Beispiel der Workshop „Pelikane und Adler" auf einer Exkursion nach Bulgarien und Nordgriechenland. An den Plitwitzer Seen wiederum sind die zahlreichen Wasserfälle Thema eines fünftägigen Workshops. Mal schnuppern? Wie wär's mit einem Tages-Workshop? Grundsätzlich ist jeder willkommen, selbst wenn man „nur" eine Handykamera hat.

www.esenkoworkshops.com

107 MALSALON, BERLIN

„Jeder ist ein Künstler" ist das Motto der innovativen Macher am Prenzlauer Berg. Wenn man den *Malsalon* betritt, ist alles schon vorbereitet. Staffeleien und Leinwände stehen bereit, es gibt ein großes Sortiment an Acrylfarben, Pinsel in allen Größen und eine Schürze. Schwerpunkt der Workshops ist das Nachmalen von Motiven großer Künstler unter Anleitung erfahrener Maler. Vorbilder sind – je nach Workshop – mal der Expressionist August Kirchner, mal Egon Schiele, mal Vincent van Gogh, einer der großen Pop-Art-Künstler oder die Street-Art-Ikone Banksy. Entsprechend breit ist das Spektrum der Mal-Genres. Workshops werden mehrmals pro Woche angeboten und dauern meist 2,5 Stunden.

Außerdem veranstaltet der Malsalon unter Titeln wie „Mal dich glücklich", „Berlin special" oder „Vision Kunst & Coaching" spezielle Workshops zur Persönlichkeitsentwicklung, bei denen verschiedene Kreativtechniken und Coachingmethoden eingesetzt werden.

www.malsalon.de

108 SALZGEWINNUNG, CASTRO MARIM

An der flachen portugiesischen Küste nahe der Grenze zu Spanien sind im Spätsommer und im Herbst die Salzschürfer am Werk – und das bereits seit 2000 Jahren. Schon die Römer ließen hier das Meerwasser in kleinen Steinbecken verdunsten. Nach diesem Prinzip wird das weiße Gold noch heute gewonnen. Salzberge türmen sich neben den Becken, in einigen von ihnen ist auf der Wasseroberfläche das silbrig schimmernde Flor de Sal zu erkennen. Es entsteht nur an sehr warmen, trockenen und fast windstillen Tagen. Wer einem engagierten Salzproduzenten über die Schulter schauen möchte, kann sich von Jorge Filipe Raiado durch seinen kleinen Salzgarten führen lassen. Dabei darf man auch selbst Hand anlegen, um die kostbare Salzblume von der Wasseroberfläche abzuschöpfen. Jorge erklärt (gern auch auf Englisch) das Prinzip, nach dem er das Wasser im Frühjahr in seine Anlage und in die einzelnen Becken einfließen lässt. Pro Jahr schöpft Jorge rund acht Tonnen Salz aus seinen Becken; für die wasserabweisende Verpackung verwendet er die Rinde von Korkeichen aus der Region.

www.salmarim.com

Hier wird die Salzblume geschöpft.

109 PARFUM KREIEREN, GRASSE

Mit dreifingergroßem Abstand schwebt die Duftessenz unter der Nase, daneben wird das Reagenzglas mit der bereits angemischten Duftnote geschwenkt. Nun verbinden sich beide Düfte, und der geübte Parfümeur erschnuppert, ob die Essenz zur Mischung passt.

Diese Kunst erlernt man bei einem Workshop in Grasse, der Hauptstadt der Düfte, der Frederic Süßkind mit seinem Roman „Das Parfüm" ein literarisches Denkmal gesetzt hat. In der Hügellandschaft hier gibt es mehr als 40 Parfümhersteller, die drei größten sind Galimard, Molinard und Fragonard. Sie bieten auch Führungen durch ihre Manufakturen an. Eine Hauptrolle beim Parfüm-Mixen spielt die „Duftorgel", die 127 Essenzen bereithält, welche sich zu mehr als 100 000 Kombinationen vermengen

lassen. Nach zwei Stunden Schnupperei hat man normalerweise 100 Milliliter eines eigenen Duftes hergestellt. Die Rezeptur wird auf einer Karteikarte festgehalten, die die Manufaktur für Nachbestellungen aufbewahrt. Natürlich erhält das persönliche Parfum auch ein eigenes Etikett mit einem selbst ausgedachten Namen. Eine tolle Geschenkidee!

www.galimard.com

110 SCHWITZHÜTTEN BAUEN, ÜXHEIM, BEI NÜRBURG

Sauna kennt jeder. Wie wär's zur Abwechslung mit einem Ritual in einer Schwitzhütte, das mehr will als nur körperliches Schwitzen, sondern auch Geist und Seele reinigen soll? Die Schwitzhütte am Beuerhof führt nachhaltige Schwitzhütten-Zeremonien in der Tradition der nordamerikanischen Lakota-Indianer durch.

Bevor es ans Schwitzen gehen kann, muss die Schwitzhütte „gebaut" werden: Weidenruten werden zu einem Gestell verbunden, das mit Wolldecken abgedeckt wird. In der Hütte wird dann nach festen Regeln, die das Zusammenwirken von Mutter Erde, Vater Sonne, Großmutter Mond und dem Lebensbaum verdeutlichen sollen, ein Altar errichtet. Auch für das Anzünden des heiligen Feuers neben der Schwitzhütte gibt es genaue Vorschriften. In diesem Feuer werden dicke Felssteine erhitzt, bis sie rot glühen. Nun holt sie der Schwitzhütten-Meister mit einer Gabel in die Hütte, streut Kräuter darauf und gießt Wasser darüber. Der entstehende wohlriechende Dampf, die Hitze sowie laut gesprochene Gebete entfalten dann ihre Wirkung. Während der Zeremonie sind die Teilnehmer gewöhnlich nackt und bilden auf der Erde sitzend einen Kreis. Die Zeremonie dauert etwa drei Stunden.

www.beuerhof.de

▌▌▌ TRENCADIS-WORKSHOP, BARCELONA

„El Trencadis" ist katalan und heißt so viel wie Bruch. Antoni Gaudí und Josep María Jujol entwickelten diese Mosaik-Technik, um aus Keramikbruch der Fabriken in Barcelona Muster für die Verschönerung von Gebäuden zu schaffen. Unter anderem lässt sich dies an der Sagrada Familia bewundern.

An einer der engen, romantischen Gassen des Altstadtviertels Born gelegen, widmet sich das Atelier Mosaiccos unter Leitung der deutschen Künstlerin Angelika Heinbach der Pflege dieser Technik. Am Anfang des Workshops entscheidet man, welches Objekt mit den Scherben verschönert werden soll, das könnte etwa ein Bilderrahmen, eine Tierfigur oder ein Spiegel sein. Dann werden die Fliesen entsprechend zurechtgeschnitten und aufgeklebt. Am Ende des Workshops wird das Kunstwerk vom Team des Ateliers verfugt und muss einen Tag lang trocknen, ehe es abgeholt werden kann. Wer länger Zeit (und entsprechende Transportkapazität) hat, kann auch ein größeres Objekt, zum Beispiel eine Tischplatte, farbenfroh verzieren.

www.mosaiccos.com

▌▌2 JODELN, ZÜRICH

Wer den Schweizern in die Seele schauen und sie verstehen will, sollte Jodeln lernen! Die so seltsame wie einzigartige Gesangstechnik gehört zur Schweiz wie der Emmentaler Käse oder der Gotthardtunnel. Heimisch ist sie vor allem im deutsch- und französischsprachigen Alpenraum, aber selbstverständlich kann es auch ein Flachlandtiroler erlernen. Wer das möchte – und es werden immer mehr –, ist zum Beispiel bei Jodellehrerin Nadja Räss im schweizerischen Zürich an der richtigen Adresse – gut gelaunt und unangestrengt vermittelt die studierte Gesanglehrerin ihren Kursteilnehmern das Singen von aneinandergereihten Silben bei schnellem Wechsel von Brust- und Kopfstimme. Wer's kann und die Theorie-Basics des Jodelns gelernt hat, bekommt ein „Jodel-Diplom"!

www.nadjaraess.ch

113 GRABUNG, TORUŃ

Eine uralte Siedlung, Kultstätte oder Therme freizulegen ist ein spannendes Erlebnis, das Laien durchaus offensteht. Denn Archäologen benötigen immer Helfer beim Buddeln, und die Agentur *Archäologie-Erlebnis* macht es Amateuren leicht, bei Grabungen zu helfen. Eine der Grabungsstätten befindet sich im polnischen Paliwodzizna und wird von der Universität Toruń geleitet. Hier geht es darum, eine Siedlung aus der Steinzeit freizulegen. Normalerweise dauern die (meist schnell ausgebuchten) Grabungskurse acht Tage. Das Begleitprogramm umfasst die Vermittlung archäologischer Grundkenntnisse, Workshops zu Dokumentation und Fundbestimmung sowie die Teilnahme an archäologischen Experimenten. Im Kursbeitrag ist eine Spende in Höhe von 350 Euro enthalten, die dem Forschungs-

projekt zugute kommt. Die Unterkunft in einem günstigen Hotel in der Nähe des Grabungsortes ist separat zu bezahlen. Ähnliche Grabungsprojekte gibt es in Portugal, Österreich, Zypern, Serbien und Rumänien.

www.archaeologie-erlebnis.eu

114 MALTECHNIKEN, BEI VOLTERRA

Diese Villa ist nicht nur ein wunderbarer Ort, um die toskanische Landschaft und ihren Rotwein zu genießen, sondern auch, um sich kulturell weiterzubilden. Das Anwesen in der sanft geschwungenen Hügellandschaft datiert aus dem Jahr 1598, also aus der Blütezeit der Medici. Damals diente es als Jagdschloss, ausgestattet mit üppigen Wand- und Deckenmalereien, die erhalten sind. Im 20. Jahrhundert verfiel das prächtige Gebäude, bis es 1986 von einem deutsch-italienischen Freundeskreis erworben und aufwendig restauriert wurde. Inzwischen gilt Palagione als Vorzeigeprojekt für die erfolgreiche Bewahrung und Wiederbelebung alter Maltechniken. In diesen prachtvollen alten Gemäuern unweit von Florenz, Pisa, Lucca, Volterra, San Gimignano und Siena werden auch Italienisch-, Mal-, Sing-, Bildhauerei-, Reit-, Koch- und Wanderkurse angeboten. Zur Villa gehören ein Swimmingpool und ein Restaurant, das toskanische Speisen anbietet. Konzerte und Ausstellungen runden das Programm ab. Die Preise sind übrigens relativ niedrig, da *Villa Palagione* als Centro Culturale vom italienischen Staat gefördert wird.

www.villa-palagione.com

Auch die Haute cuisine hat
die Pintxos entdeckt.

115 PINTXOS ZUBEREITEN, SAN SEBASTIÁN

Unter Europas Städten ist San Sebastián mit insgesamt 16 Michelin-Sternen der Champion, und das ist kein Zufall. Auch bei Männern steht hier das Kochen seit Langem hoch im Kurs, regelmäßig trifft und bekocht man sich in den sogenannten gastronomischen Gesellschaften. Einer der kulinarischen Schätze des Baskenlandes sind die Pintxos (dt.: Pincho). Wer abends durch die Bars der Altstadt streift, wird über die Vielfalt dieser Vorspeise-Häppchen staunen, die auf den Theken aufgebaut sind und typischerweise mit einem Sidra, dem baskischen Apfelwein, genossen werden. In der *Mimo San Sebastian Cooking School* gibt es regelmäßig Kurse (meist fünfstündig), in denen man ihre Zubereitung erlernt. Kurssprache ist Spanisch oder Englisch.

www.mimofood.com

116 STRICKEN & HÄKELN, WIEN

Stricken ist schon lange nicht mehr Notwendigkeit, sondern ein Luxus. Ein Luxus, der uns nicht immer weiter dem Größeren, Besseren und Schnelleren nachjagen lässt, sondern im Gegenteil: Er hilft, zu entschleunigen und den Moment zu genießen.

Ein Ort dafür ist das Wiener Wollcafé *Laniato*, wo sich Strickliesel und Häkelhannes zum gemütlichen Handwerken treffen. Im Angebot ist eine Riesenauswahl von Wollarten, Farben und Stärken – sämtlich aus nachhaltiger, fairer Produktion und artgerechter Tierhaltung. Auch das Färben der Wolle geschah auf umweltfreundlicher Basis.

Wer noch nicht die Fertigkeiten besitzt, um sich den Luxus Stricken und Häkeln gönnen zu können, kann diese im Café *Laniato* in Kursen für Anfänger erwerben. Auch Themen wie „Zopfmuster" oder „Häkeln für Babys" werden in Workshops für Fortgeschrittene abgehandelt. Wer Anregungen braucht, findet sie bestimmt in einem der zahlreich ausliegenden Wollmagazine.

www.laniato.com

117 PASTA-PROFIKURSE, BOLOGNA

Spaghetti Bolognese gibt es auch in Bologna, aber wer sie dort schon einmal probiert hat, weiß, dass sie ganz anders zubereitet wird, als man dies aus Deutschland kennt. Sie heißt hier „ragù" und wird zu Tagliatelle-Nudeln gereicht. Am besten schmeckt die Pasta natürlich, wenn sie frisch und von Hand zubereitet wird. Wo, wenn nicht in Bologna, könnte man diese Fertigkeit besser erlernen? Das Netzwerk „Le Cesarine" (auf Deutsch: die Kaiserinnen der Küche) ist das älteste Heimkochnetzwerk Italiens. In ihm geben italienische Hausfrauen ihr Wissen an Einheimische und Touristen weiter. Hier lernt man, wie man einen elastischen Teig knetet, wie man ein Ei „fontana" macht und wie man die frischen Füllungen aus Produkten der Region in die Tortellini und Ravioli einarbeitet. Wichtig dabei ist, dass der Teig nicht austrocknet, denn dann lässt er sich nicht mehr falten. Am Ende des Pasta-Kurses steht eine gemütliche Mahlzeit mit Rotwein und Dessert. Und noch ein Tipp: Le Cesarine sind auch in Rom, Florenz, Venedig und vielen anderen Städten Italiens vertreten.

https://cesarine.com

118 WERKEN MIT HOLZ, BASEL

Viele reizt der Gedanke, eine Gestaltungsidee, für die Holz verarbeitet werden muss, einmal selbst zu verwirklichen. Wie so oft gilt aber auch hier: Je komplexer das Projekt, desto schwieriger die Umsetzung. Für Laien hat hier die *Neue Freizeitwerkstatt* in Basel mit ihrem Projekt „Amateurwerken mit Profibetreuung" ein spannendes Angebot. Ob man Holzspielzeug für den Nachwuchs basteln möchte, ein Design-Bett aus Kirschholz für das häusliche Schlafzimmer bauen oder die alte Kommode aus Großvaters Haus restaurieren möchte – die Profis stehen mit Rat und Tat zur Seite.

Arbeiten an ihren großen Maschinen erledigen die Teilnehmer in der Werkstatt gegen eine zeitabhängige Maschinengebühr. Im Werkstattraum stehen 15 Hobelbänke für die Hobbytischler bereit, zudem drei Bandsägen, eine Kappsäge und Standbohrmaschinen. Die Mitglieder des Werkstattteams, sämtlich Männer, arbeiten unentgeltlich. Während der Öffnungszeiten kann man ohne Anmeldung vorbeikommen und mit den anwesenden Tischlern sein Projekt besprechen. Das Holz bestellt man entweder selbst oder beim Lieferanten der Holzwerkstatt.

www.holzwerken.info

119 PAPIER SCHÖPFEN, HOMBURG A. M.

Seit über 200 Jahren wird in der Papiermühle Homburg, einem auffälligen großen Gebäude mit Walmdach, Papier hergestellt. Und wie zu Beginn wird das Mühlrad vom Bischbach angetrieben. Das Wasserrad ist ganzjährig in Betrieb; heute erzeugt es auf nachhaltige Art und Weise den Strom für Haus und Maschinen, die aber nur noch für museale Zwecke betrieben werden.
Im Museum erfährt man, wie die Mühlenbewohner um 1900 hier lebten und arbeiteten und wie zu dieser Zeit Papier hergestellt wurde. Während der gut einstündigen Führung können Besucher mit Sieb und Bütte selbstständig von Hand Papiere schöpfen und lernen den weiteren Arbeitsprozess vom Gautschen über's Pressen bis zum Trocknen kennen.

www.papiermuehle-homburg.de

120 KIRCHENBAU, BEI MADRID

Es ist ein weltweit einmaliges Werk: Seit 1961 ist der Mönch Justo Gallego Martínez (*1925) in Mejorada del Campo dabei, eine Kathedrale zu bauen. Allein! Martínez baut die Kirche ohne Unterstützung der katholischen Kirche, ohne Bauplan und ohne Baugenehmigung. Finanziert wird das Projekt durch die Verpachtung von Ackerland. Martínez arbeitet von Montag bis Samstag, von sechs Uhr morgens bis acht Uhr abends. Manchmal helfen Angehörige oder freiwillige Helfer. Als Grund für den Bau gibt Martínez seine Dankbarkeit aufgrund der Heilung einer Tuberkuloseerkrankung an.

Die Kathedrale ist mittlerweile 55 Meter lang, 25 Meter breit und 35 Meter hoch. Die Grundfläche beträgt 8000 Quadratmeter, die Proportionen entsprechen denen einer klassischen Basilika in Spanien. Die Türme sollen einmal 58 Meter hoch werden! Hinzu kommen ein Garten, kleine Sakristeien und Kreuzgänge. Martínez arbeitet äußerst nachhaltig: Die meisten Baumaterialien und Werkzeuge, die er benutzt, sind recycelt. Zum Beispiel verwendet er Ausschuss einer nahegelegenen Ziegelsteinfabrik. Kräne oder moderne Baumaschinen gibt es auf seiner Baustelle bis heute nicht, alles wird von Hand erledigt, Flaschenzüge sind jedoch erlaubt.

www.onemancathedral.com

121 KALLIGRAFIE, POTSDAM/BERLIN

In einer Zeit, in der man fast nur noch auf Handys und Computern herumtippt, genießt die Kunst der Kalligrafie (also des Schönschreibens) einen besonderen Stellenwert. Wer sich dafür interessiert, belegt am besten einen Kurs. Etwa bei Stefanie Weigele in Potsdam. Das Schönschreiben kann ein entspannender und zugleich meditativer Ausgleich zur täglichen Arbeit am Bildschirm sein. Man kann sie aber auch produktiv nutzen – etwa bei der Gestaltung von Postkarten, Briefen oder gar einer Hochzeitseinladung.

Weigele bietet Kurse in Englischer Schreibschrift und Modern Calligraphy an. Während die Copperplate die klassische englische Schönschrift ist, die man mit einem Oblique-Federhalter schreibt, ist die Modern Calligraphy vor allem für all diejenigen interessant, die sich für handschriftlich lockere Varianten interessieren. Im Lauf des Workshops wird dann das Schreiben mit farbigen und weißen Tinten und Tuschen gelehrt. Kalligrafie lernt man nicht an einem Tag, nach dem Workshop ist tägliches Üben angesagt. Im Teilnehmerbeitrag sind zwei Schreibfedern enthalten sowie Papier und Tinte. Die Workshops finden meist in Berlin am Kurfürstendamm statt.

www.federflug.com

DAS GASTEHAUS IN SOLBERGET

122 WILDNIS ERFAHREN, SOLBERGET

In Solberget (dt. Sonnenberg), einem schwedischen Dorf nördlich des Polarkreises, bestimmt die Natur den Lebensrhythmus. Fernab der Zivilisation sind die Gäste auf einem Hof aus dem 18. Jahrhundert romantisch in Holzhäusern mit prasselnden Holzöfen untergebracht. Man trinkt frisches Quellwasser und genießt die lappländische Küche. Die Betreiber sind die Deutschen Silke und Dirk Hagenbuch, Sprachprobleme sind also nicht zu erwarten. Expeditionen in den Muddus-Nationalpark stehen auf dem Programm, im Winter Skitouren, Rentierschlittenfahrten und Hundeschlittentouren. Ein einmaliges Erlebnis ist es, ein Iglu zu bauen und dann, ausgestattet mit Rentierfellen, darin zu übernachten. Weniger Wagemutige schlafen in einer alten, dunkelroten Holzfällerhütte mit weißen Fensterrahmen oder in dem einst von Waldarbeitern genutzten Bauwagen (mit Holzofen!).

Wer einen mehrtägigen Polarwinterkurs bucht, lernt unter anderem, wie man eine Wintertour

plant und durchführt, wie man die Ausrüstung perfekt einsetzt und wo man auf der Tour übernachten kann – eine starke Erfahrung.

www.solberget.com

123 INSEL-YOGA, KADERMO

120 Kilometer westlich von Helsinki bietet die kleine Insel Kadermo, auf der die Sonne im Sommer kaum untergeht, einen idyllischen Rahmen für Yoga-Praxis. Es gibt keine Geschäfte, keine Autos, nur wenige Menschen leben hier. Das Retreat liegt in einem Eichenwald mit bis zu 500 Jahre alten Baumriesen! Man logiert in zweistöckigen Holzhäusern mit dem Charme der 1920er-Jahre – und mit

Meerblick. Eine Sauna darf hier natürlich nicht fehlen.

Das Hauptgebäude hat zwei Yoga-Studios, eines davon kann jederzeit für individuelles Üben genutzt werden. Die Gruppen, die hier zu Retreats zusammenfinden, sind klein. Gründer des Resorts ist Stefan Engström, der Ashtanga Yoga in Indien studiert hat und schon seit 1990 praktiziert. Im Sommer reicht das Angebot von Wochenendworkshops über einwöchige Retreats bis hin zu mehrwöchigen Kursen. Im Winter gibt's nur Wochenendworkshops. Im Mittelpunkt der Kurse steht meist Ashtanga Yoga. Dieses zielt darauf, sein physisches, geistiges und psychologisches Potenzial neu zu entdecken und ein tiefes Selbstverständnis zu gewinnen.

www.kadermo.fi

INSEKTENPERSPEKTIVE IM
KLIMAHAUS BREMERHAVEN

124 KLIMAHAUS, BREMERHAVEN

Wer sich über Klima, Klimawandel und Wetter informieren möchte, ist hier richtig. Entlang des virtuellen 8. Längengrades spaziert man durch verschiedene Klimazonen, durchquert fünf Kontinente und neun Orte. Dabei schwitzt und friert man, staunt und lacht. Und begegnet Menschen, die aus ihrem Alltag erzählen. In den Großaquarien zu Samoa etwa lernt man die Welt eines südpazifischen Saumriffs mit seinen Korallen und Fischen kennen. Im Schweizer Kanton Uri führt der Museumskurs zu einer saftig grünen Wiese, auf der propere Kühe weiden, dann geht es bergauf zum Gipfelkreuz. Hier erfährt man etwas über das Abschmelzen der Gletscher. Und auf Sardinien nimmt man die Perspektive eines Insekts ein. An einem Terminal kann man hier virtuell die Großwetterlage Europas verändern und die Auswirkungen beobachten.
Nach dem Besuch lädt der „Treffpunkt Kaiserhafen", die „letzte Kneipe vor New York", zu einem Besuch ein.

www.klimahaus-bremerhaven.de

125 FISCHEN, COSTA BRAVA

Dass man besser auf den Genuss von Fischen verzichtet, deren Arten vom Aussterben bedroht sind, hat sich schon rumgesprochen. Wie es aber tatsächlich für die wenigen verbliebenen Fischer auf dem Mittelmeer aussieht, und was sie für den Erhalt der Meeresbewohner tun, das erfährt man am besten aus erster Hand – indem man sie einen Tag lang auf ihrem Fischzug begleitet.
Angeboten werden diese Fahrten vom *Museu de la Pesca* im katalanischen Küstenort Palamós. Teilnehmer müssen früh aufstehen, denn gewöhnlich fahren die Fischer um 7 Uhr morgens raus. Dann sind die Fischkisten an Bord noch leer. Pünktlich um 17 Uhr müssen die Fischerboote wieder im Hafen einlaufen – andernfalls wird eine Strafzahlung fällig. Dass Gäste auf ihren Booten mitfahren, hat für die Fischer zwei Vorteile: Zum einen erzielen sie einen Nebenverdienst – viel lässt sich mit der Fischerei im Mittelmeer heute nicht mehr verdienen –, zum anderen können sie Interesse für ihren Beruf und ihre Probleme wecken. Dazu gehört, dass das Mittelmeer überfischt wurde – nicht zuletzt für die deutschen Verbraucher, deren Fischkonsum weltweit Spitzenwerte erzielt. So stiegen die Fangmengen von 800 000 Tonnen im Jahr 1960 auf 1,7 Millionen Tonnen 1998.

www.museudelapesca.org

ZU FUß
UNTERWEGS

WANDERN IST EINE ÄUßERST NACHHALTIGE LUST MIT HOHEM GENUSSFAKTOR: UNMITTELBARE NATURERLEBNISSE SIND GARANTIERT, AM WEGESRAND LOCKT DIE KULTUR ...

126 DER WILDPFERDE VON LANGELAND

Im Abendlicht sind die niedrigen Küstenwälder auf der Insel Langeland besonders eindrucksvoll. Da vom Meer her fast ständig Wind weht, sind die dürren, knorrigen Bäume kaum höher als drei Meter – man kann durch sie hindurchlaufen wie durch einen Zauberwald. Auf Langeland gibt es rund 60 Wildpferde, bis zu 1,30 Meter große Exmoor-Ponys bräunlicher Farbe, die unter sehr geringem menschlichen Einfluss leben. Für Wildpferde sind sie relativ zahm und machen einen äußerst gepflegten Eindruck, obwohl niemand sie striegelt. Im Winter wird ihr Fell so dicht, dass Schnee darauf nicht schmilzt. Ihr weitläufiges, jedoch eingezäuntes Areal an der Südspitze der Insel darf man betreten, solange man sich an die am Eingang aufgeführten Regeln hält. Im Sommer finden die Pferde auf den Wiesen genügend natürliche Nahrung, in strengen Wintern streut ein Tierpfleger Raufutter. Für die eigene Verpflegung lohnt ein Besuch des Cafés im Herrenhof Skovsgaard, der heute mit viel Engagement nach ökologischen Gesichtspunkten bewirtschaftet wird und verschiedene Museen beherbergt, die zeigen, wie man hier vor 100 Jahren Landwirtschaft betrieb.

127 PACKESELTOUR, STOLZENHAGEN

Ausgangspunkt dieser Wanderung ist der Stall in Stolzenhagen, einem nur wenige Kilometer von der deutsch-polnischen Grenze entfernt recht abgelegen liegenden Dorf. Hier „beschnuppern" sich Mensch und Esel erst einmal im wahrsten Sinne des Wortes, dann wird gehalftert, gebürstet, gesattelt und bepackt. Insgesamt stehen acht Esel und zwei Maultiere zur Auswahl.
Geritten werden die Packesel bei den Touren übrigens nicht. Sie transportieren, wie schon der Begriff verrät, das Gepäck, beispielsweise

Die Esel bestimmen das Tempo ...

Geschirr für das Mittags-Picknick und Kleidung. Der Reiz der Wanderung mit ihnen liegt nicht zuletzt darin, sich auf die Eigenheiten der Tiere einzulassen. Und das kann wirklich spannend sein: Eltern, die bei „normalen" Wanderungen nicht selten quengelnde Kinder erleben, staunen oft, wenn sie sehen, wie problemlos die Kinder mit dem Esel zusammen weite Strecken zurücklegen. Unterwegs lässt Leiterin Sarah Fuchs immer wieder Wissenswertes und Anekdotisches über die Esel einfließen.

Im Nationalpark sind zudem jede Menge anderer Tiere zu entdecken: Seeadler, Kraniche und Eisvögel, manchmal auch Gänseschwärme. Scheue Gesellen wie die Biber bekommt man nur mit Glück zu sehen, ihre Spuren aber – beispielsweise von ihnen angenagte Bäume – kann man entdecken.

Wenn die Esel nicht gerade auf Tour sind, haben sie einen Job als Naturschützer: Sie beweiden wertvolle Trockenrasen, die viele seltene Blumen und Kräuter enthalten, und verhindern damit deren Verbuschung und Vergrasung. Esel wälzen sich mit Vorliebe an sandigen Stellen und schaffen so offenen Boden, den Heuschrecken und konkurrenzschwache Pflanzen dringend als Lebensraum benötigen. Abends wartet auf junge und ältere Teilnehmer ein zünftiger Abschluss eines ländlichen Tages: Lagerfeuer im Garten und danach eine Übernachtung auf dem Heuboden des Stalles im Schlafsack.

www.packeseltouren-brandenburg.de

128 AUF DEM HARZER HEXENSTIEG

DER HARZER HEXENSTIEG BIETET JEDE MENGE ABWECHSLUNG.

Der Harzer Hexenstieg ist ein 97 km langer Wanderweg, der von Osterode durch den Harz über den Brocken nach Thale führt. Nach zwölf Kilometern Wegstrecke trifft man auf das Oberharzer Wasserregal. Das ist ein Wassersystem aus dem 16. Jahrhundert, es besteht aus künstlichen Teichen und Gräben, die zur Versorgung der Harzer Gruben mit Wasserenergie dienten. Dann kommt der 1141 m hohe Brocken, der Berg der Hexen, die sich hier zur Walpurgisnacht treffen. Hier verkehren auf einer Schmalspurstrecke die maximal 40 km/h schnellen Dampfloks der berühmten Brockenbahn. Weiter geht's zur Rappbodetalsperre, wo man Deutschlands höchste Staumauer (Höhe: 106 m) überquert. Sie wurde in den 1950er-Jahren errichtet. Am Wegesrand gibt es eine Reihe von einfachen Hotels wie den Kräuterhof, die Pension am Felsen, die Harzbaude Susanne, das Bodetaler Basecamp Resort und das Torfhaus Harz Resort. Mit Wildcampern machte der Waldnationalpark schlechte Erfahrungen: Brände wurden verursacht, Müll hinterlassen und das Leben der Wildtiere wurde gestört. Deshalb werden die offiziellen Campingplätze empfohlen.

www.harz-hexenstieg.de

129 SCHLUCHTENSTEIG BEZWINGEN

Der 119 km lange Schluchtensteig führt durch den Südschwarzwald von Stühlingen nach Wehr und ist eher für geübte Wanderer geeignet: Teils führt der Weg durch steile Felsklammen, die spektakuläre Blicke in die Tiefe bieten. Unterwegs kann man tosende Wasserfälle sehen und nur wenige Schritte weiter die Stille der Natur genießen.

Den Schluchtensteig gibt es erst seit 2008, er hat die Auszeichnung „Deutschlands schönster Wanderweg" erhalten. Man sieht Kühe auf kargen Hochweiden, am Wegesrand zirpt es in den Blumen, gemütliche Gasthöfe in uralten Schwarzwaldhäusern erwarten ihre Gäste mit lukullischen Genüssen. In Wutach bietet sich die Fahrt mit der traditionsreichen Sauschwänzlebahn an, die mitten durch die Wutachschlucht führt. In Hüfingen gibt es vier Erlebnispfade: einen Orchideenlehrpfad, einen Kräuterlehrpfad, einen Waldlehrpfad und eine geologische Säule.

KARG IST DIE LANDSCHAFT AUF DEM GROSSEN ARBER.

Die technischen Daten zum Schluchten-steig: Aufstiege: 3180 Höhenmeter. Abstiege: 3290 Höhenmeter.

www.schluchtensteig.de

130 WANDERN AUF DEM GOLD-STEIG

Der Goldsteig ist ein Prädikatswanderweg zwischen Marktredwitz und Passau mit einer Länge von 660 km, wer mag, kann auf tschechi-schem Gebiet – hier mit einem orangefarbenen S markiert – noch 289 km weiterwandern. Für ungeübte Wanderer empfiehlt es sich aller-dings, nur mit einem Abschnitt zu beginnen. Nicht zuletzt dank seiner Länge ist der Gold-steig ein sehr vielseitiger Wanderweg. Im Ober-pfälzer Wald und Bayerischem Wald überquert er acht Gipfel mit mehr als 1000 m Höhe: den Mühlriegel, den Ödriegel, das Schwarzeck, den Reischflecksattel, die Heugstatt, den Enzian, den Kleinen Arber und den Großen Arber. Auch

stilvoll übernachten lässt es sich, zum Beispiel in der Jugendherberge auf Burg Trausnitz im idyllischen Pfreimdtal. In Tännesberg, einer Biodiversitätsgemeinde, kann man den Schloss-berg hinaufsteigen. In Schwarzwihrberg auf dem Hausberg von Rötz findet sich eines der ältesten Naturwaldreservate Bayerns, das eine vielfältige Waldgesellschaft beheimatet. Warum der Goldsteig Goldsteig heißt? In Ost-bayern wurde früher in zahlreichen Goldminen und goldführenden Bächen nach Gold gesucht. Heute kann man am historisch nachgebauten Riedlhütter Goldwaschplatz sein Glück versu-chen und unter Anleitung Gold waschen.

www.goldsteig-wandern.de

131 AUF DEM CAMI DE RONDA, SPANIEN

Der Cami de Ronda führt 200 km an der Costa Brava, der „wilden Küste" in Katalonien, ent-lang. Er beginnt in Blanes und endet in Portbou

Bei Lloret de Mar auf dem Küstenwanderweg Cami de Ronda

BERNSTEIN SUCHEN? AM bESTEN iN dER RUHE NACH EiNEM STURM.

an der Grenze zu Frankreich. Der größte Teil des Weges besteht aus kleinen Pfaden, die sich etwas oberhalb der Küste durch Büsche und Wäldchen schlängeln. Es sind alte Küstenpfade, die jahrhundertelang von Fischern benutzt wurden. Der Cami de Ronda kann das ganze Jahr über begangen werden. Unterwegs stößt man auf wunderbare kleine Buchten, an denen man im Sommer eine Pause zum Baden einlegen kann und die für „normale" Touristen kaum erreichbar sind. In S'Agaró verwirklichte

der Architekt Rafael Masó eine Jugendstil-promenade nach seinen Vorstellungen. Von der uralten iberischen Siedlung Castell de la Fosca – auf einem Felsvorsprung gelegen und von Wellen umtost – bieten sich spektakuläre Blicke. Der schönste Abschnitt beginnt hinter Sant Antoni de Calonge. Hier schlängelt sich der Weg zwischen zerklüfteten Felsen, Buchten mit glasklarem Wasser und Sandstränden. Hinter Begur lohnt ein Abstecher ins Landesinnere nach Pals in eines der am besten erhaltenen

Dörfer Kataloniens. Und in Portlligat: Besichtigung des Wohnhauses von Salvador Dalí!

132 BERNSTEIN SAMMELN AUF RÜGEN

Bernstein ist an vielen Stränden der Ostsee zu finden, allerdings darf man ihn nicht überall bedingungslos einsammeln. Auf Rügen sind zum Sammeln der klaren Steine aus gelb-braunem fossilem Harz die Strandabschnitte zwischen Göhren und Sellin, Binz und Mukran sowie rund um Glowe und auf der Insel Hiddensee besonders empfehlenswert. Die besten Chancen, das Ostseegold zu finden, hat man übrigens während eines Sturmes und danach. Denn bei starkem Wellengang lösen sich im aufgewühlten Wasser die Bernsteine vom Meeresboden und gelangen an den Strand. In Frühling und Herbst ist die Ausbeute größer als im Sommer. Wenn man Glück hat, findet man Bernsteine mit bis zu 5 cm Durchmesser. Manche Steine haben Einschlüsse von anderem Material, das dann sehr dekorativ wirkt. Zu Hause sollte der Schatz dann mit feinem Schmirgelpapier poliert werden. Wer Zweifel hat, ob der Bernstein echt ist, macht die Schwimmprobe: In Leitungswasser geht echter Bernstein unter, in stark salzhaltigem Wasser schwimmt er. Noch ein Tipp: Bernstein kann sich auch im Seegras im Spülsaum verstecken.

133 WANDERN IM NATIONALPARK BIOGRADZA GORA, MONTENEGRO

Wandertouren in Montenegro, einem Kleinstaat mit 700 000 Einwohnern, sind immer noch ein Geheimtipp. Das Land birgt einige Superlative: Hier gibt es die tiefste Schlucht Europas, den größten Binnensee des Balkans, den einzigen Fjord des Mittelmeerraumes und den längsten Strand der Adria. Und unendlich viel Natur! So ist man im Nationalpark Biogradza Gora meist allein mit sich und der wunderschönen Natur in einem der letzten Urwälder Europas. Um den Gletschersee Biogradsko jezero stehen uralte Bäume, denen man ansieht, dass sie schon seit langer Zeit Wind und Wetter ausgesetzt sind. Ein guter Ausgangspunkt für Wanderungen ist die Ortschaft Kolašin. Die Wege sind ausreichend markiert, es gibt sogar einen Ökologiepfad, der auf einer Strecke von rund 10 km entlang des Flusses Biogradska rijeka verläuft. Zur Orientierung dient also immer der Fluss. Für diesen Pfad sollte man ein wenig mehr Zeit als üblich einkalkulieren, da es manchmal gilt, natürliche Hindernisse wie dichtes Buschwerk zu passieren oder kleine Felsen zu überwinden.

134 PILZE SAMMELN IN MASUREN, POLEN

Für Pilzsammler ist Masuren ein echtes Eldorado. Vor allem im Herbst sieht man hier Menschenmassen mit Gummistiefeln, Plastiktüten und Körben an Bushaltestellen, um „in die Pilze" zu fahren. Im Juli und August ist es Zeit für die Pfifferlinge, dann kommen die Steinpilze, Maronen und Parasole. Die großen Parasole kann man in Scheiben schneiden und dann in der Pfanne wie ein Schnitzel braten. Der Hallimasch ist ein aggressiver Schädling, der sogar lebende Bäume tötet. Schmecken

tut er aber trotzdem sehr gut, bis auf den zähen Stiel. Die Masuren bieten eine ungeheure Vielfalt an Pilzen – rund 100 verschiedene Arten sind hier zu finden. Die Polen kennen natürlich „ihre" Geheimplätze. Wer nichts findet, kann die Pilze selbstverständlich auch kaufen: Nicht wenige Polen machen aus ihrer Pilzsammelleidenschaft einen Nebenjob und bieten ihre Funde am Straßenrand zu günstigen Preisen an. Generell ist das Pilzesammeln in Polen überall erlaubt. Polen hat eine der liberalsten Gesetzgebungen in Sachen Walderzeugnisse. Getrocknete Pilze sind

X

Streifen. Auch Miesmuscheln kommen häufig vor, sie fungieren als Filter für das Meerwasser und klammern sich meist mit ihren Bysussfäden an Steinen fest. Immer öfter findet man auch Pazifische Austern, die den Drahtkörben der Muschelfarmen entwischt sind und den Miesmuscheln nun zur Konkurrenz werden. Ein Hinweis am Rande: Im Wattenmeer des Nachbarlands Dänemark gilt das Aufsammeln und Mitnehmen von Muscheln und Schnecken als Verstoß gegen das Artenschutzgesetz.

übrigens eine wichtige Zutat in der polnischen Weihnachtsküche!

135 MUSCHELN SAMMELN IM WATTENMEER

Das Sammeln von Muscheln und Schnecken rein zum privaten Vergnügen ist an den deutschen und niederländischen Küsten immer noch erlaubt. Allerdings sollte es in Maßen erfolgen. Ein Sammelverbot gilt für aufgeschüttete Geröllwälle, die zum Schutz vor Sturmfluten dienen. Und Korallen sollte man dem Strand zuliebe lieber liegen lassen. Deren weißes Kalkgerüst zerfällt nämlich zu Sand und ist also wichtig für die Qualität des Strandes. Außerdem stehen viele Arten von Korallen unter Naturschutz. Im Wattenmeer gibt es sieben Muschelarten, im offenen Meer rund 70. Relativ einfach zu finden sind die Hälften von Herzmuscheln, die eine trübweiße Farbe haben. Wesentlich größer ist die Sandklaffmuschel, die 14 cm lang werden kann. Sie hat eine ovale Form mit konzentrischen, feinen

136 VOGELBEOBACHTUNG AUF DER INSEL POEL

Die Insel Poel wird auch Insel der Einheimischen genannt – Touristen gibt es nur wenige. Im Inselmuseum erfährt man von den Riesen, die der Sage nach die Insel geschaffen haben. Idealerweise ist man hier mit dem Fahrrad unterwegs – der Inselrundweg ist nur 20 km lang. Auf der 22 Hektar großen Nachbarinsel Langenwerder gibt es ein Naturschutzgebiet, das ein Refugium für durchziehende und brütende Seevögel bildet. Der dortige Vogelwart kann darüber interessante Einzelheiten berichten. Langenwerder ist für individuell anreisende Besucher allerdings gesperrt. Außerhalb der Brutzeiten von Wat- und Wasservögeln bietet der Verein Langenwerder jedoch Führungen auf die Insel an, meist an Sonntagen. Zu erreichen ist die Insel zu Fuß, man kann einfach durch die Ostsee über die Furt Kuhlenloch ans Ufer waten. Ein Teleobjektiv ist von Nutzen, wenn man gute Aufnahmen von Silbermöven, Rabenkrähen, Graureihern, Grünschenkeln oder Sandregenpfeifern machen will. Ein Unikum sind die Salzwasser

Zwergkauz im Nationalpark Białowieża

trinkenden Feldhasen, von denen es auf Langenwerder noch einige wenige gibt.

www.langenwerder.de

137 VÖGEL BEOBACHTEN IM NATIONALPARK BIAŁOWIEŻA, POLEN

Im Vergleich zu Deutschland sind die Landschaften Polens oft tierreicher, was auch an der geringeren Besiedlung liegt. Leider ist in Deutschland der Reichtum an Vogelarten allein in den letzten 30 Jahren um rund ein Drittel zurückgegangen, was unter anderem durch die nicht nachhaltige moderne Landwirtschaft in Deutschland begründet ist. Spannend ist die Beobachtung von Vögeln im Nationalpark Białowieża, der den letzten großen Flachland-Urwald in Europa beherbergt. Hier leben sage

und schreibe 269 Vogelarten. Der Nationalpark ist bekannt als Brutgebiet für die am stärksten bedrohten Vogelarten der Welt, zum Beispiel den Seggenrohrsänger, die Doppelschnepfe, Eulen, den Wachtelkönig und den Schelladler. In den Sümpfen sieht man hier große Elche. Außerdem gibt es Haselhühner, Spechte, Fliegenschnäpper, Schlangenadler, Schreiadler, Schwarzstörche und die Blauracke. Für Anfänger bieten Spezialreiseveranstalter geführte Vogelexkursionen an, die vor Sonnenaufgang beginnen. Das ist nämlich die Zeit, in der die Vögel am emsigsten tirilieren.

138 NATUR IM STILLEKING ERLEBEN

Das Naturschutzgebiet Stilleking liegt südlich von Lüdenscheid. Bis 1992 war es Truppenübungsplatz der Bundeswehr, auch Panzer

UNTERWEGS BLAUBEEREN NASCHEN ...

fuhren hier. Seitdem ist es ruhig geworden und die Natur hatte Zeit, sich auszubreiten. In den Rillen der Panzerwege haben sich Borstgraswiesen entwickelt. Weil das Gebiet lange Zeit nicht gedüngt wurde, haben sich Magerweiden und Zwergstrauchheiden ausgebreitet. Hier ist das Brutgebiet des Wiesenpiepers. Dieser Vogel gehört zur Familie der Stelzen und Pieper, heimisch ist er vor allem in Nordeuropa. Heckrinder sorgen dafür, dass das Gras auf den Weiden kurz bleibt, und so können die Vögel auf dem Boden brüten. Des Weiteren sind Feldlerchen, Baumpieper, Neuntöter, Bluthänflinge, Ringdrosseln und Steinschmätzer zu beob-

achten. Im Frühjahr lohnt der Besuch auch wegen der üppig blühenden Natur. Einen guten Überblick erhält man auf dem sechs Kilometer langen Rundweg namens Ochsentour. Er beginnt am Homertturm, der ein bisschen wie ein Leuchtturm aussieht.

139 BLAUBEEREN SAMMELN, ÖSTERREICH

Wer schon einmal selbst gesammelte Blaubeeren genascht hat, weiß, dass sie im Geschmack viel intensiver sind als Blaubeeren aus dem

Supermarkt. Sie sind allerdings auch kleiner, und die Schale färbt Lippen und Mund schnell dunkelblau. Heidelbeeren gelten als die gesündesten Beeren überhaupt. Sie enthalten viel Kalzium und Magnesium sowie zahlreiche Vitamine, ihre Gerbstoffe wirken zudem hemmend auf das Wachstum von Bakterien. In Österreich finden sich die wilden Blaubeeren meist an Hanglagen zwischen 1500 und 2350 Meter Höhe. Erntezeit ist der Spätsommer. Blaubeeren bevorzugen saure Böden und finden sich deswegen oft in der Nähe von Nadelhölzern, eher an abgelegenen Wegen als in der Nähe von Hauptstraßen.

Beschränkungen für das Pflücken von wilden Blaubeeren gibt es in Österreich nicht. Auch die Ernte mit dem sogenannten „Blaubeerenkamm", der in kurzer Zeit viele Beeren auf einmal pflückt, ist in Österreich überall erlaubt.

140 BARFUSSPFAD IN BAD WÖRISHOFEN

1,5 km lang ist der Barfußpfad Bad Wörishofen in Bayern. Es ist der Ort, in dem der Pfarrer Sebastian Kneipp die berühmten Wassertretkuren erfand. In den Barfußpfad sind Attraktionen wie ein Rosengarten, ein Duftgarten und ein Kräutergarten integriert. Selbstverständlich beginnt der Weg an einer Kneippanlage. Es gibt Abschnitte mit Natursteinen, Fichtenzapfen, Kies, Sand, Matsch, Holz und Rinde. Auch der Gleichgewichtssinn wird herausgefordert. Ein Höhepunkt des Pfades ist das große Labyrinth mit vielen verschiedenen Bodenbelägen. Auf dem Weg hinaus passiert man Vogelvolieren, einen Sandstrand mit Palmen und Hängematte sowie einen Teepavillon. Das Ende des Rundgangs bildet ein künstlicher Wasserlauf – dort werden die Füße wieder sauber. Der Eintritt ist frei.

www.barfusspark.info

141 BARFUSSPFAD IN BEELITZ

Orthopäden werden nicht müde zu betonen, wie gesund das Laufen ohne Schuhe ist. Trotzdem praktizieren es nur sehr wenige Menschen. Barfußlaufen kräftigt die Fußbinnenmuskulatur, Achillessehnenprobleme werden gelindert. Weitere positive Wirkungen: Fußpilz verschwindet, die Füße werden unempfindlicher, die Immunabwehr wird gestärkt. Der insgesamt drei Kilometer lange Pfad mit 60 Stationen, der kostenlos zu benutzen ist, soll den Füßen Gutes tun. Man läuft über ganz verschiedene Untergründe wie nassen Lehm, trockenen Torf, nasses Moor, Reisig, Kieselsteine, Kieferzapfen, Bucheckern, Feldsteine und – Fakire aufgepasst – Glasscherben! Selbstverständlich ist alles ungefährlich, eine Massage für die Fußsohle ist der Gang aber allemal. Eingebaut in den Weg sind außerdem Stationen wie Wassertreten, Weitsprung ohne Schuhe, Balancierklötze, Baumtelefon und Kräutergarten.

Wer mit der Natur eng in Kontakt ist, fühlt sich wohler in seinem Körper, sagen die Initiatoren des Pfades. Es ist sogar bestätigt, dass Kinder Wissen leichter aufnehmen, wenn sie sich dabei in der Natur bewegen dürfen. Wer die Bäume nicht nur von unten, sondern auch in der Höhe erleben möchte, sollte den nebenan liegenden Baumwipfelpfad besuchen.

www.derbarfusspark.de

142 BAUMKRONENPFAD IM NATIONALPARK HAINICH

Auf Holzbohlen wandert man hier im Wipfelbereich der Bäume über den Wald. Und erkennt schnell die Schäden, die die Dürrejahre 2018 und 2019 den Bäumen zugefügt haben. Zum Baumkronenpfad, der eine Länge von etwa 500 m hat, gehört ein nicht gerade schöner Betonturm, der allerdings aus 44 m Höhe tolle Ausblicke über das Thüringer Becken und den Hainich bietet. Wer wissen möchte, wie Baumwurzeln aussehen und wie sie arbeiten, kann dies nach dem luftigen Spaziergang in der „Wurzelhöhle" erfahren. Die interaktive Erlebniswelt ist primär für Kinder konzipiert. Sie informiert unter anderem über die Kommunikation der Bäume miteinander. Der Nationalpark Hainich gehört mittlerweile zum

UNESCO-Weltnaturerbe. In ihm finden sich beispielsweise freilebende Wildkatzen – sie sind allerdings scheu und lassen sich vom Baumkronenpfad aus eher nicht erspähen. Zudem sind hier mehr als 500 holzbewohnende Käferarten zu Hause. Der erst im Jahr 1997 gegründete Hainich widmet sich vor allem dem Schutz des Buchenwaldes. Aber auch Eschen, Ahorne, Linden und die seltene Elsbeere gibt es im Nationalpark Hainich.

www.baumkronen-pfad.de

143 WANDERN IN DEN CALANQUES, FRANKREICH

Die Calanques, teils fjordartige, hohe und eng stehende Kalksteinklippen, bilden nur 20 km von Marseille entfernt einen der schönsten Küstenstreifen Frankreichs. Naturschützer setzen sich schon länger dafür ein, die tief eingeschnittenen Buchten zum Schutzgebiet zu erklären. Unterkünfte gibt es auf den Calanques nicht, daher sind nur Tageswanderungen möglich. Der Fernwanderweg GR98-51 ist rot-weiß markiert, er schlängelt sich die Hügel entlang und bietet wunderbare Aussichten auf das Meer. Es geht durch duftende Kiefernwälder, in Richtung Meer sind helle Kalkfelsen sichtbar. Im Hochsommer kann es vorkommen, dass Wege aufgrund von Waldbrandgefahr gesperrt sind. Es empfiehlt sich also, im Frühjahr oder im Herbst zu wandern. Einer der schönsten Blicke ist der von der Calanque Morgiou hinüber zur Calanque Sormiou. Öffentliche Verkehrsmittel sind überall gut erreichbar, man muss also keinen Rundweg laufen. Geschlossene Wanderschuhe sind zu empfehlen, denn die Geröll-Felsen können rutschig sein. Wenn die Calanques gesperrt sind, kann man in Cassis eine Bootstour buchen und die Klippen vom Wasser aus bestaunen.

144 VÖGEL BEOBACHTEN IN DER EXTREMADURA

Die von Menschen nur dünn besiedelte Extremadura ist ein Vogelparadies, vor allem für Störche. Die langbeinigen und langhalsigen Vögel scheinen die Kirchtürme, Hausdächer und Masten zu lieben, die sich ihnen hier als Nistplätze anbieten. Einige der Nester haben „Untermieter", etwa Haus- oder Weidensperlinge. Diese ziehen ihren Nachwuchs in kleinen Nestern innerhalb der Storchennester auf und werden von den Großvögeln geduldet.

Auch Gänsegeier sind in der Extremadura zu Hause.

Storchenhauptstadt ist Cáceres. Mit ihrem geschlossenen mittelalterlichen Stadtkern, überall „verziert" von Storchennestern, wirkt die Stadt einmalig. Auch die Felsen am Ufer des Flusses Tajo sind beliebte Storchenplätze. Neben den Störchen kann man im Nationalpark Monfragüe auch Gänsegeier sichten! Grauammern, die ein seltsames Gezwitscher von sich geben, sind ebenfalls hier zu finden. Weitere Vogelarten: Kaiseradler, Habichtsadler, Aasgeier, Trappen und Kormorane. Da Vögel fliegen, gehört zur Vogelbeobachtung oft viel Geduld, wenn man eine bestimmte Spezies ausmachen will.

Die Abbaye NOTRE-DAME de Sénanque als Kulisse für den Lavendel.

145 DIE BERBERAFFEN VON GIBRALTAR BEOBACHTEN

In Europa freilebende Affen beobachten? Das geht nur auf Gibraltar. Der Sage nach soll die Halbinsel übrigens nur so lange in britischem Besitz bleiben, wie die Äffchen auf dem Felsen von Gibraltar herumturnen. Für die Briten sieht es gut aus, denn die Äffchen werden immer munterer: Sie haben einen Riecher dafür, wenn Menschen in ihren Taschen Essbares mit sich herumtragen und können dann durchaus mal aus dem Hinterhalt angreifen. Einige der rund 200 Makaken haben ihre Scheu vor Menschen verloren und verlassen ihr Revier auf dem hohen Felsen, um in der Stadt auf Nahrungssuche zu gehen. Dort wühlen

sie dann im Müll oder belästigen Passanten. Das Geheimnis, wie die Affen überhaupt ihren Weg nach Gibraltar fanden, haben Forscher inzwischen gelöst: Sie stammen von marokkanischen und algerischen Tieren ab und sind nicht, wie gelegentlich vermutet wurde, Reste einer europäischen Affenpopulation. Wahrscheinlich gelangten sie auf Schiffen von Afrika nach Europa. Berberaffen zählen heute weltweit zu den bedrohten Tierarten.

146 LAVENDELWANDERUNG IN DER PROVENCE

Wer durch die prachtvoll lila blühenden Lavendelfelder wandern will, sollte seine Tour für die Zeit von Ende Juni bis Mitte August planen. Ausgangspunkt ist das Bergdorf Gordes, wo die Lavendelfelder bis an den Ortsrand reichen. In dicken, buschigen Reihen schwingen sie sich entlang der Hügel fast bis zum Horizont. Einen sehr fotogenen Kontrast dazu bilden die gelben Sonnenblumenfelder und die strohgelben Weizenfelder. Dazwischen knorrige Olivenbäume – ein Augenschmaus! Im Dorf Coustellet gibt es ein Lavendelmuseum. Hier kann man die typischen Lavendelblütensäckchen kaufen, die Franzosen im Kleiderschrank aufbewahren – um Motten fernzuhalten, aber auch des angenehmen Duftes wegen. Weitere große Lavendelfelder warten dann auf der Etappe nach Lourmarin, das zu den schönsten Dörfern Frankreichs zählt. Die Strecke ist recht hügelig, mit Höhenunterschieden von mehr als 200 Metern. Die Länge des Weges beträgt rund 30 Kilometer – das ergibt eine anspruchsvolle Tageswanderung oder eine zweitägige Tour.

147 DIE FLAMINGOS DER CAMARGUE

Rund 930 km² groß ist das Naturschutzgebiet Camargue. Von den unzähligen Vogelarten, die es beherbergt, ist der Flamingo wohl für die meisten Besucher am fotogensten. Ein guter Ort, um Flamingos zu beobachten und zu fotografieren, ist die Compagnie des Salins du Midi bei Aigues-Mortes. Seit den 1970er-Jahren fliegen sie diese Insel an, niemand weiß genau, woher sie kamen. Biologen schätzen die Größe der Population in dieser Region auf rund 15 000 Vögel. Flamingos sind scheu, deswegen ist das Betreten der Brutinsel verboten. Die Compagnie des Salins du Midi setzt sich für den Schutz der seltenen Tiere ein und hat dafür auch schon mehrere Preise erhalten. Flamingos

Südschottland Rehwild, an der Westküste Wildziegen, und im gesamten Land tummeln sich Kaninchen, Hasen, Fasane, Birkwild und Auerhähne.

Schottland ist übrigens ein Paradies für Wildcamper. 2003 verabschiedete das Parlament ein Gesetz, das jedermann zu jeder Zeit den Zutritt zu den meisten Ländereien erlaubt. Wildes Zelten ist erlaubt, sogar mit Lagerfeuer. Allerdings sollten die Spuren des Feuers am Morgen beseitigt werden. Die „Mountain Bothies Association", ein Verbund von Freiwilligen, kümmert sich um Hütten und alte Bauernhäuser, in denen Wanderer kostenlos übernachten können.

mögen das brackige, niedrige Seewasser hier, da sie dort gut Nahrung finden. Zum Beispiel kleine Salinenkrebse. Ein weiterer Ort, an dem man Flamingos gut beobachten kann, ist der Weiher von Fangassier. Er liegt in der Deltalandschaft südlich von Arles im Parc Naturel Régional de Camargue. Übrigens: Drei Viertel aller in Frankreich existierenden Vogelarten sind in der Camargue ansässig!

148 WILDBEOBACHTUNG IN DEN HIGHLANDS

Die Jagd auf Wild ist in Schottland ein echter Wirtschaftsfaktor. Rund 70 000 Menschen sind in dieser Branche beschäftigt. Vegetarier kommen aber ebenfalls auf ihre Kosten, denn man kann die wunderbaren Tiere auch einfach mit dem Fernglas in den Highlands beobachten. In Sutherland und der Gegend rund um Loch Ness gibt es Sikawild, in Pertshire Damwild, in Nordschottland und den Farmlands von

149 NATURISTENSTIEG

Der Naturistenstieg ist Deutschlands ältester Nacktwanderweg. Er verläuft im Südharz westlich von Wippra. Der 13 km lange Rundwanderweg ist nachhaltig mit der Bahn erreichbar über den Bahnhof Wippra. Natürlich darf man ihn auch angezogen ablaufen, doch sollte man darauf gefasst sein, Wanderern im Adams- bzw. Evakostüm zu begegnen. Die Route verläuft abseits von normalen Waldwegen. Weil Nacktwanderer bekanntlich ohne Hosen und Röcke unterwegs sind, wurden auf der Strecke Dornen und Brennnesseln entfernt. Beim nackten Wandern ist die Natur nachhaltiger spürbar als bekleidet – Sonne brennt auf der Haut, Regen perlt, und der Wind kühlt. Viele Nacktwanderer tragen trotzdem Schuhe, um sich vor spitzen Steinen zu schützen.

www.naturistenweg.de

150 SKULPTURENPFAD WALDMENSCHEN

Zum WaldHaus Freiburg (im Breisgau) kann man mit der Straßenbahn fahren. Auf der Freifläche dahinter markieren drei aus riesigen Baumstämmen geschnitzte Skulpturen den Beginn des Pfads. Im Wald begegnen einem 15 weitere hochskurrile Figuren, die aus riesigen Baumstämmen geschnitzt sind. Sie sind derart gut in ihre Umgebung eingefügt, dass man manchmal scharf gucken muss, um sie überhaupt zu entdecken. Insgesamt sind es 18 Figuren, die Namen tragen wie „Die Baumwelt", „Drachennest 7 Drachen", „Waldgesichter", „Holzkopf" oder „Hexenschuss". Der „Hexenschuss" etwa wurde aus einem 120 Jahre alten Lindenstamm geschnitzt und zu einer grinsenden Hexe modelliert, die einem unter ihr stehenden Mann einen Pfeil in den Rücken schießt. Wer sich das näher anschaut, muss einfach schmunzeln – und das

ist wohl ganz im Sinn des Bildhauers Thomas Rees. Rees fertigt meist Skulpturen, die in der freien Natur stehen. Er arbeitet spontan und improvisiert gern. Seine Arbeiten überlässt er der Natur, sie sind also den Wirkungskräften des Wetters voll und ganz ausgesetzt. Thomas Rees arbeitet nachhaltig: Die Baumstämme, die er verwendet, gelten offiziell als Biomüll. So etwa die Schnitzarbeit „Die Baumwelt", die aus einem mehr als 4 m langen Stück einer 230 Jahre alten Eiche gefertigt wurde, die ohne äußere Einwirkung umstürzte, da die Wurzeln brüchig waren.

151 WANDERUNG BIORAMA

Das Biorama ist ein schöner Ausgangspunkt für eine Wanderung im Biosphärenreservat Schorfheide im Brandenburger Landkreis Barnim. Von dem ehemaligen Wasserturm auf

ERKENNUNGSZEICHEN FÜR PILGER:
die Jakobsmuschel

152 DER JAKOBSWEG

Literatur über den Jakobsweg gibt es in Hülle und Fülle. Doch wie absolviert man die Pilgertour auf nachhaltige Art und Weise? Am besten wäre natürlich der Start der Rucksacktour an der eigenen Haustür. Dass dies möglich ist, haben schon viele Wanderer gezeigt. Statt den Gepäcktransportservice zu nutzen, wie dies einige Wanderer tun, sollte man sehr minimalistisch packen und sich auf das Nötigste beschränken. Wer eine Wasserflasche dabei hat, kann sie praktisch überall entlang des Weges kostenlos auffüllen. Weil viele Pilger lediglich die letzten 100 km nach Santiago de Compostela laufen, um sich dann die Pilgerurkunde ausstellen zu lassen, ist dieser Abschnitt ziemlich überlaufen. Wer also auf die Pilgerurkunde verzichten kann, sollte diesen Abschnitt meiden, zumal hier auch die Unterkünfte teurer sind. Zu empfehlen ist dagegen die Wanderung von St.-Jean-Pied-de-Port bis León, eine Strecke von rund 450 km. Dann wäre da noch die Wahl des Jakobsweges – es gibt ja mehrere. Der mit Abstand beliebteste ist der Camino Francés, der durch Spanien verläuft, er ist 800 km lang. Der Küstenweg, der Camino del Norte, ist 850 km lang. Aufgrund seiner schwierigen Streckenführung entscheiden sich nur sehr wenige Pilger für ihn. Wenig frequentiert ist auch der 300 km lange Camino Primitivo.

www.jakobsweg.de

123 m Höhe hat man einen guten Blick über die Gegend, den Ort Joachimsthal, den Werbellinsee und den Grimnitzsee. In direkter Nachbarschaft steht die „Weiße Villa" (nach ihrem Erbauer Eduard Protz auch „Villa Protz" genannt), heute Galerie und Veranstaltungsort. Dort entstehen Kunstprojekte mit Bezug zum Biosphärenreservat Schorfheide und unter dem Aspekt der Nachhaltigkeit. Zwei verschiedene Oberflächenbehandlungen spiegeln Vergangenheit und Zukunft des Bauwerkes: Die östliche Fassade erscheint als kinetisches Kunstwerk, dafür brachten die Eigner ein 100 Quadratmeter großes spiegelglänzendes Edelstahlmosaik an. Die übrige Fassade ist mit dünnem weißem Kalkputz beschichtet, um die Lebensspuren der Villa sichtbar zu machen. Erreichbar ist das Biorama vom Bahnhof Joachimsthal, dem ehemaligen Kaiserbahnhof.

www.biorama-projekt.org

153 VON VALLDEMOSSA NACH DEJÀ, MALLORCA

Dass Mallorca wunderbare Routen für Wanderer bereithält, hat sich längst herumgesprochen. Für jeden Geschmack ist etwas dabei: von der romantischen, leicht begehbaren Route im Inselinneren, wie der um das Kloster Lluc, bis zur Küstenwanderung, etwa von Port Andratx nach Sant Elm, die an einem beschaulichen Badeplatz endet. Man sollte auf Mallorca öffentliche Verkehrsmittel nutzen, denn die meisten Wanderungen in Küstennähe sind keine Rundtouren, sondern Einbahnwege. Eine schöne Halbtagestour für Anfänger ist der rund zehn Kilometer lange Weg von Valldemossa nach Deià, Teil des sogenannten Trockenmauerweges. Die ursprüngliche Teilroute über den alten Reitweg des Erzherzoges ist allerdings gesperrt, ebenso der Aussichtspunkt Mirador de ses Puntes. Zur alternativen Routenführung sollte man sich rechtzeitig

Karten besorgen. Bei Nebel ist Vorsicht angesagt: Es gibt eine 200 m hohe Felswand nahe des Weges. Bei starkem Nebel, das wissen echte Bergfexe, sollte man Bergtouren sowieso abbrechen. Gar nicht so sehr wegen der Sicht, sondern weil die glatten Felsen und Steine durch Feuchtigkeit so glitschig werden, dass man nur schwer Halt findet. Bei gutem Wetter ist die Aussicht aber grandios. Der Weg ist mit den üblichen Steinmännchen, die man überall auf Mallorca findet, markiert.

154 STEILKLIPPENWANDE-RUNG IN WALES

Die sieben Kilometer lange Mini-Wanderung auf Dinas Island beginnt im Ort Cwm-yr-Eglwys an der Ostseite. Man sollte ein Fernglas dabeihaben, denn auf den Felsen von Dinas brüten Eissturmvögel, Tordalken, Trottellummen und Krähenscharben. Nur eine Rinne

PONTEVEDRA: AUTOFREIE INNENSTADT!

X

155 NACHHALTIGE STADT: PONTEVEDRA, SPANIEN

Pontevedra hat es bereits vor gut 20 Jahren getan: Autos dürfen in dieser Stadt praktisch nicht mehr fahren. Anstelle von Motorengeräuschen hört man das Klimpern der Löffel in den Espressotassen, das Lachen von Kindern, die sicher in die Schule laufen, und das Zwitschern der Vögel, die in den Kamelienbäumen sitzen. Angesichts der Erfolge dieser Aktion wundert man sich, dass es bislang nur eingeschränkt Nachahmer gibt. Am Stadtrand wurden viele Parkplätze eingerichtet, von denen man mit kostenlosen Bussen in die Innenstadt gelangt. Nur noch vereinzelt dürfen Anwohner und Lieferfahrzeuge in die 80 000 Einwohner große Stadt hineinfahren, und das auch nur im Schritttempo und für die Dauer von höchstens 15 Minuten. Fahrbahnmarkierungen, Verkehrsschilder und Ampeln gibt es hier nicht mehr, wozu auch? Es gilt die einfache Regel, dass Fußgänger immer Vorrecht haben. Danach kommen die Radfahrer.

Die Händler fürchteten Umsatzeinbußen, doch das Gegenteil ist eingetreten: Der Einzelhandel in der Stadt boomt wie nie zuvor. Denn viele Auswärtige kommen extra zum Einkaufen nach Pontevedra, weil es sich dort so herrlich flanieren lässt. Und statt anonymer Einkaufszentren wie in den meisten anderen Städten gibt es in Pontevedra immer noch kleine Geschäfte. Last but not least wurden die Kohlendioxid-Emissionen um rund 70 % gesenkt, seit 2007 gab es keinen einzigen Verkehrstoten mehr. Hinweistafeln zeigen, wie lange man zu den 30 wichtigsten Punkten der Stadt läuft – vom Bahnhof bis zur Innenstadt sind es 1,5 km Fußweg.

trennt die Halbinsel vom Festland. Der Strand von Pwllgwaelod und das Pub The Old Sailor locken zur Pause. Dann geht es entlang der Eiszeitrinne zur Bucht von Brynhenllan zurück. Dort kann man noch einen Abstecher zu einem erfrischenden Wasserfall anhängen. Dazu wandert man auf dem Coast Path bis zur Aberfforest Bay und folgt dann dem hier mündenden Bach. In der nächsten Bucht folgt man dem Lauf des kleinen Baches, der hier mündet. Man hört den Wasserfall schon von Weitem. Ist man in der Nähe, kann man über Steine ans andere Ufer balancieren und die Idylle genießen: Urwald-Assoziationen kommen auf beim Anblick mannshoher Schachtelhalme und Farne im schattigen Waldtal.

KULINARISCH
REISEN

Auch unterwegs knurrt der Magen.
Wer ein bisschen sucht, kann ihn
überall nachhaltig füllen.

Spanien das Bio-Angebot in manchen Sektoren noch nicht sehr umfangreich ist. Die frischen Produkte kommen dagegen überwiegend aus der Region, Bio-Wein und Säfte gibt es in Katalonien mittlerweile in guter Qualität. Schräg gegenüber ist die Brauerei Moritz, die auf nachhaltige Weise gutes Bier braut.

www.wokimarket.com

157 FREA, BERLIN

Ökologische Korrektheit erster Güte: Frea ist ein Restaurant, das ohne Verpackungsmüll auskommt, zudem ist es vegan, bezieht nur Bio-Waren und möglichst viele davon aus der Region. Nachhaltiger geht Gastronomie nicht. Natürlich soll die Einrichtung des Restaurants seinen nachhaltigen Ansatz reflektieren. Möbel und Lampen wurden fast alle über ebay erstanden, viele Grünpflanzen sorgen für Flair. Das Geschirr kommt aus kleinen, inhabergeführten Öko-Töpfereien. Die Tischplatten aus Massivholz ließ der Inhaber aus alten Eichenbalken zurechtsägen. In einer Ecke steht eine Kompostiermaschine, mit der Essensreste zu Kompost verarbeitet werden können.

Auf die 2 % der Vegan-Esser, die es in Deutschland geben soll, wollen sich die Gründer aber keinesfalls beschränken. So ist das Frea von außen nicht als veganes Restaurant erkennbar. Die kleine Speisekarte überzeugt – und die Preise auch: Fast alle Gerichte liegen unter 10 Euro. Nicht weniger interessant als die Speisen sind die Getränke – zum Beispiel steht „Gin Kefir" mit selbst gezogenem Wasserkefir auf der Karte. Auch die Haselnussmilch

156 WOKI ORGANIC MARKET, BARCELONA

Wer sich schon mal über die Bioläden in Spanien geärgert hat, in denen das wenige Obst und Gemüse oft welk ist, wird vom Woki Organic Market begeistert sein. Der Laden an der Plaza Catalunya, einer von vieren in Barcelona, ist eine Mischung aus Restaurant und Supermarkt. Die Tische der Essstände stehen unauffällig zwischen den Verkaufsregalen. Im Angebot sind Hamburger, Pizzen, selbst hergestellte Tortellini, Ravioli, Salate, Sushi, Steaks und Lasagne. Beim Essen zwischen all den Lebensmitteln wird man verführt, gleich noch etwas einzukaufen – eine Taktik, die hier fast immer aufgeht! Um die Abrechnung zu vereinfachen, erhält jeder Gast eine Chipkarte, auf die sämtliche Speisen und Getränke gebucht werden. Ganz nebenbei: Im Woki Market ist das Angebot umfangreicher und günstiger als in den meisten anderen Bioläden. Es gibt auch Bionade, Joghurt und Bier aus Bayern, da in

WER ESSEN MITNEHMEN MÖCHTE, SOLLTE EINE BOX ODER EIN EINWECK-GLAS MITBRINGEN!

ist selbst gemacht. Ins Wasserglas kommt ausschließlich gefiltertes und mineralisiertes Leitungswasser.

www.frea.de

158 A ESCOLA, ALCACER DO SAL

Hier werkelt Henrique Lopez in einer alten Grundschule, die vor Jahren in ein Restaurant umfunktioniert wurde. „Je langsamer etwas gart, desto besser schmeckt es", gehört zu seinen Maximen. Und so köchelt der Reis mit Tomaten, Kräutern und Oktopus schon seit mehr als einer Stunde auf kleiner Flamme. Slow Food made in Alentejo – das passt zu dieser Region südlich von Lissabon, deren Menschen in ganz Portugal dafür berühmt

sind, besonders langsam zu sein. Er habe sich vorgenommen, den Geschmack des Essens seiner Großmutter wieder zu beleben, erklärt der Küchenchef. Außerdem stöberte er in Archiven nach alten Rezepten. Das Ergebnis sind Gerichte, die es in dieser Qualität kaum anderswo gibt. Zu Beginn des Abendessens stellt Lopez eine Vielzahl kleiner Schälchen mit Vorspeisen auf den Tisch, viele davon mit Koriander verfeinert. Berechnet werden nur diejenigen, die gegessen werden.

Die Kunde von der guten, sehr nachhaltigen Küche im ehemaligen Schulhaus ist bis zur Schickeria von Lissabon vorgedrungen. Neben dem Parkplatz gibt es einen Heliport, auf dem VIPs im Hubschrauber landen, direkt neben dem abgetakelten Spielplatz der ehemaligen Schule. Kaum zu glauben, dass man für ein komplettes Dinner nur rund 20 Euro bezahlen muss.

159 FISCHEREIHOF HÜTTEN, BEI ROSTOCK

„Fisch aus Überzeugung" ist der Leitspruch von Leif Detlefsen, der in den 1990er-Jahren ein Teichgrundstück bei Hütten, nicht weit vom mondänen Heiligendamm, pachtete. In den uralten Teichen, die Detlefsen wieder freilegte und instandsetzte, tummeln sich Hecht, Karpfen, Barsch, Flusskrebs, Lachs und Zander. Auf der Terrasse des Hauses hat man die Teiche, den Räucherofen und das Bassin für die gefangenen Fische im Blick. Schon im 12. Jahrhundert wurden die Teiche von Doberaner Mönchen angelegt. Deren Tradition begründete den achtsamen Umgang mit der Natur, und auch Detlefsen bewirtschaftet die Anlage, deren Teiche sich in Terrassen im nahen Wald fortsetzen, heute nach streng ökologischen Kriterien. Auf diese Tradition geht übrigens auch die Bezeichnung „Mönch" für den Was-serstandsregulator an den Teichen zurück. An Silvester stehen die Leute hier wegen der Karpfen Schlange. Detlefsens Gerichte, etwa frische Kürbissuppe mit geräuchertem Lachs-schinken, prämierte das Magazin *Feinschmecker* schon mehrfach als herausragend. Alte Rezepte sind wieder gefragt: Im Herbst stellt Detlefsens Frau Sanddornsirup her, der etwa einem Glas Sekt ein fruchtiges Aroma verleiht.

www.fischereihof.de

160 PALAEO, KOPENHAGEN

Die Paleo-Diät besteht aus Speisen, die schon die Menschen in der Steinzeit zubereiteten – das ist Nachhaltigkeit pur. Sämtliche Lebensmittel, die industriell verarbeitet oder modifiziert sind, fallen demnach weg. Als da wären:

Mehl, Zucker, Milchprodukte, Stärke. Es gibt
also keinen Kuchen, keine Hamburger, keine
Hot Dogs und keine Pizza. Dass Paleo-Speisen
trotzdem wunderbar schmecken können und
dazu supergesund sind, beweist das Palaeo-
Restaurant. Auf dessen Speisekarte findet
sich unter anderem „Meatza", ein Art Pizza
aus Fleisch mit Tomaten, Pilzen und Peter-
silien-Pesto. Auch einen Hot Dog gibt es, der
allerdings aus Wurst mit wildem Lauch in
einer Hülle aus Ei besteht. Als Süßstoff für den
Pudding verwendet das Palaeo reife Birnen. Die
Speisekarte ist reichhaltig und umfasst auch
Wraps, Salate, Säfte und Smoothies.

www.palaeo.com

161 AUBERGE DE SAINT-JULIEN-AUX-BOIS, BEI CLERMONT-FERRAND

Wer richtig gut und nachhaltig in Frankreich
essen möchte, die Erklärungen zu den Gerichten aber lieber auf Deutsch hört, ist in dieser
von den Deutschen Roland Pilger und Doris
Coppenrath geführen Auberge richtig. Was in
die Kochtöpfe kommt? Überwiegend regionale
Produkte aus Bio-Anbau. Köchin Coppenraths
Version nachhaltigen Essens: Fett und Zucker
vermeidet sie möglichst, Gemüse wird dagegen
in rauen Mengen verarbeitet. Und die Preise
sind, verglichen mit gewöhnlichen französischen Restaurants, relativ niedrig. Vielleicht
liegt das auch ein wenig an der Lage des Hauses – das ländliche Limousin zählt nicht gerade
zu den touristischen Hotspots des Landes.
Doch dass an ihren Kochkünsten etwas dran
sein muss, beweisen nicht nur die mittlerweile

SCHLEMMEN IM LIMOUSIN!

über 20-jährige Geschichte des Restaurants, sondern auch Auszeichnungen in Restaurantführern und der Umstand, nationaler Finalteilnehmer beim Kochwettbewerb der Hotel- und Restaurantkette „Logis de France" gewesen zu sein.

Das Restaurant ist gleichzeitig auch Hotel. Wer probieren möchte, wie sich eine Nacht anfühlt, in der man außer dem eigenen Atmen nur völlige Stille wahrnimmt, sollte hier ein Zimmer reservieren.

www.auberge-saint-julien.de

162 GLUT UND SPÄNE, BEI BERLIN

„Glut und Späne" ist in Gerswalde zu Hause, dem Hipsterdorf bei Berlin, im ehemaligen Heizhaus der alten Schlossgärtnerei. Der Standort am Oberuckersee ist laut Betreiber Wickert für eine nachhaltig betriebene Fischräucherei optimal. Es gibt viel Holz aus

den umliegenden Forsten und die glasklaren Seen der Gegend, die Müritz und die nicht weit entfernte Ostsee sorgen für Nachschub bei den Fischen. *Glut und Späne* arbeitet nachhaltig: Man kooperiere eng mit den Fischereibetrieben der Region und richte sich nach den Kriterien für den Einkauf von Fisch und Meeresfrüchten des WWF, so Wickert. Rot gelistete Fische wie Aal, Thunfisch oder Rotbarsch werden von ihm nicht eingekauft.

Wickerts Lieblingsfische sind Saiblinge und Forellen, die er über offenem Feuer räuchert.

Für das Warmräuchern hat er eine ganz spezielle Technik entwickelt. Zunächst wird der Fisch in einem milden Salzsud 24 Stunden lang eingelegt. Dann werden die Fische einzeln in den Ofen gehängt und mehrere Stunden bei niedriger Temperatur mit verschiedenen regionalen Holzsorten geräuchert. Nach der Trocknungsphase folgen in mehreren Stufen Feuer mit Wildkirschholz, Erlenholz, Buchenholz und Wacholderholz. Die Hitze darf dabei nie zu stark werden, sonst nimmt der empfindliche Fisch Schaden. Denn Fisch darf nicht zu stark räuchern, „sonst schmeckt er, als würde man einen Kamin auslecken", so beschreibt es Wickert. Zum Schluss dann noch eine Handvoll Kräuter sowie feine Buchenspäne, und ein Räucherfisch par excellence wartet auf den Feinschmecker.

In den kühleren Monaten räuchert Wickert über Buchenspänen und Sommerkräutern „Lax". So nennt er leicht ironisch Lachs und Lachsforellenfilet.

Im Sommer stellt er außerdem Fischbuletten her, die zu 100 % aus Uckermärker Fischfilet bestehen. Die Fische kommen aus Fischereigenossenschaften aus Templin, Prenzlau und Angermünde. Daneben bezieht er Seefisch – von Ostseefischern kauft er Makrele, von Nordseefischern Wolfsbarsch. Und donnerstags, das lässt er sich nicht nehmen, angelt der Meister selbst am See.

www.glutundspaene.de

163 LE MANOIR DE RETIVAL, CAUDEBEC EN CAUX

Klein, aber fein, das ist die Devise von David Görne. Das alte Herrenhaus Le Manoir de Rétival hat nur zwei Suiten, mit seinen Speisen kann er in seiner Küche kaum mehr als zehn Leute bewirten.

Nach seinen Wanderjahren, die Görne in einige internationale Sterne-Restaurants führten, belegte er einen Intensivkurs bei Alain Ducasse. Eigentlich war für ihn also eine Karriere als Chefkoch in einem bekannten Haus vorgezeichnet, doch Görne wollte neue Wege gehen. Weg von den steifen Sternetempeln, in denen die Teller mit Abdeckhauben zu den

David Görne in seiner Küche – und in seinem Element

Tischen balanciert werden und der Koch seine Gäste allenfalls durch den Türspalt zu Gesicht bekommt. Görne wollte etwas Intimes, Kleines. Dazu castete er mehr als 50 entsprechende Häuser in Frankreich – und fand das Le Manoir de Rétival.

Seine Gäste können sich in der großen, alten Küche wie privat eingeladen fühlen. Wenn es sich ergibt, nimmt Görne sie sogar zum Einkaufen mit, etwa zu seinem Freund Marc Bonnet, der eine Forellenzucht in der Nähe betreibt und es sich nicht nehmen lässt, zwei extra schöne Brummer aus den Teichen zu

ziehen. Den Champagner zum Aufwärmen gibt es auf der Terrasse vor dem Haus mit Blick über das Seine-Tal, dazu eine frische Felsenauster – einfach köstlich!

In der heimeligen Küche kommen dann weitere kleine, superfeine Happen auf die Teller. Langusten, Foie gras, Chorizo, Trüffel, Rinderschwanz mit Kräutern aus dem Garten ... Außer der Qualität der Speisen erinnert hier tatsächlich wenig an ein Sterne-Restaurant – man fühlt sich eher so, als ob ein Starkoch zu sich nach Hause eingeladen hätte, was ja eigentlich auch der Fall ist. Eine Speisekarte gibt es in diesem „Restaurant" natürlich nicht, dafür wechselt das Menü täglich! Mit sieben Gängen schlägt das Menü „Table d'hôte" mit 98 Euro zu Buche, darin inbegriffen sind Champagner, Wein und Café. Verglichen mit anderen Restaurants dieser Güteklasse kann dies als äußerst fair gelten.

www.restaurant-ga.fr

164 FRUCHTWEIN KRAATZ, IN DER UCKERMARK

Florian Profitlich, der Gründer des neuen Gutshofes, sah die vielen alten Obstbäume, deren Obst niemand erntete, und dachte sich, daraus müsse man doch etwas machen können. Gedacht – getan: Mittlerweile stehen fast zwei Dutzend Weine und Schaumweine in seinen Regalen. Allein im Jahr 2019 produzierte die Kelterei 25000 Flaschen Wein und Schaumwein sowie 11000 Flaschen Säfte. Die Palette reicht vom Bohnapfel Holzfass über „Wilde Kerle", Goldrenetten, Apfelwein mit Mispeln, Kaiser Wilhelm mit Quitte bis zu Apfelsekt mit Aronia und Birnenwein. Die Produktion der Weine sowie die Abfüllung und Etikettierung mit Designer-Etiketten werden sämtlich am Ort erledigt.

Neben dem Ferienhaus liegen die riesige Scheune des Gutshofes und Nebengebäude, die aufwendig und nachhaltig saniert wurden. Ein Maurer, der auf natürliche Baumethoden mit Lehmputz spezialisiert ist, half bei der Renovierung der Gebäude, wobei natürliche Baumaterialien wie Hanf und Kreidefarben zum Einsatz kamen. Geheizt wird mit Holz und thermischen Solaranlagen, aus den Steckdosen kommt

Ökostrom. Die Investitionen in den Umbau der riesigen Scheune, die als Produktionsstandort und Restaurant dient, waren erheblich. Gerade die Wintersaison in dieser einsamen Gegend sei schwierig, bekennen die Betreiber. Dann bleibt Zeit für die Produktion von Brotzeitbrettern aus heimischem Holz, die neben dem Wein im Hofladen verkauft werden.

www.gutshof-kraatz.de

165 SIDRA, FANJUL

In den Bars in Asturien und im Baskenland ist es ein alltägliches Bild: Mit Schwung rinnt der Sidra, der Apfelwein, vom „porron" (Karaffe) in die Gläser. Dabei vermischt er sich mit Sauerstoff, was dem Geschmack zugute kommt. Bei Fanjul in Tinana kann man verfol-

gen, wie Sidra hergestellt wird – und ihn dann probieren, direkt aus dem Fass. Dazu werden asturische Spezialitäten serviert. Neben dem normalen Sidra, der im Oktober produziert wird, gibt es auch einen Bio-Sidra, der zertifiziert ist. Im November wird eine spezielle Sorte Sidra aus den Apfelsorten Regona, Raxo und Tresali produziert, er nennt sich Sidra Ribanora.

www.sidrafanjul.com

166 WELTCAFÉ, STUTTGART

Das Weltcafé ist Teil des Welthauses Stuttgart. Und unterstützt eine sehr nachhaltige Sache, nämlich die „17 Ziele für nachhaltige Entwicklung" der Vereinten Nationen. Mit dieser globalen Agenda haben sich 193 Staaten verpflichtet, die Welt bis 2030 ökologisch nachhaltiger, sozial gerechter und wirtschaftlich effizienter zu gestalten. Das Welthaus Stuttgart als interkultureller Lernort trägt zur Umsetzung dieser Ziele bei. Im Haus befindet sich die Weltwerkstatt, die Büro-Arbeitsplätze anbietet, die Eine-Welt-Gruppen und Ausländern zur Verfügung stehen. Im Weltcafé lautet die Devise Fair Trade, Bio, regional. Auch Konzerte können hier stattfinden. Ferner gibt es Workshops wie „Upcycling", in denen man lernt, aus scheinbar nutzlosen Rohstoffen oder Abfällen neue Produkte entstehen zu lassen. Gleichzeitig wird dabei aufgeklärt über die Konsequenzen der Ressourcenverschwendung, den Textilhandel und den Plastikmüll.

www.welthaus-stuttgart.de

167 ESCUELA DE ARROCES Y PAELLA, VALENCIA

Wer die farbenfrohe Paella aus deutschen Restaurants kennt, wo der Reis gelb ist, gesprenkelt mit grünen Erbsen, knallrotem Paprika und ein paar Miesmuscheln, wird enttäuscht sein, wenn er die echte Paella aus ihrer Geburtsstadt Valencia sieht: Sie ist einfach braun. Rund um Valencia wächst der Bomba-Reis auf Reisfeldern. Wo könnte man besser lernen, wie eine echte Paella zubereitet wird? Die Kurse in der Escuela de Arroces y Paellas sind denn auch sehr gut besucht. Jeder Kurs beginnt mit einem Rundgang über den städtischen Markt, den Mercado Central. Hier werden die frischen Produkte für die Paella eingekauft (die Kosten der Zutaten sind in der Kursgebühr inbegriffen). Die typische Paella aus Valencia wird mit Bohnen, Safran, Schne-

Noch nachhaltiger ist es übrigens, die Paella im Freien zu kochen, auf einem Holzfeuer.

cken, Kaninchen- und Hühnchenfleisch zube-
reitet. Wenn die Paella fertig ist, wird sie direkt
aus der Eisenpfanne gegessen, ganz nach alter
Tradition. Salat, Getränke, ein Dessert und ein
Dessertlikör sind ebenfalls mit eingeschlossen.
Und eine Urkunde als Paella-Koch.

www.escueladearrocesypaellas.com

168 TÜFI, ZÜRICH

Ein Bio-Restaurant, das für jeden Geschmack
etwas bereithält, und nicht nur auf die vegane
oder vegetarische „Fraktion" beschränkt ist.
Regionale Waren einzusetzen und dies saisonal
ist Teil der Philosophie dieses Hauses. Das
Fleisch kommt von Tieren aus artgerechter

Haltung, die Label KAGfreiland und Bio Suisse
stehen für die strengsten Tierhaltungsricht-
linien der Schweiz. Auch die Fische stammen
aus heimischen Gewässern. Das Restaurant
legt großen Wert auf die nachhaltige Produktion der verwendeten Lebensmittel –
und natürlich darauf, höchst schmackhafte
Gerichte zu servieren. Als da wären: Lauwar-
mes Bio-Gemüseragout. Bio-Beefsteak Tatar
mit Hausbrot-Toast und Butter. Bio-Aubergine
mit Raita und Granatapfel. Schoggimousse
mit Criollo und Trinitario Kako-Bohnen ... Das
Ambiente des Restaurants ist minimalistisch,
Holztische und warme Beleuchtung sorgen für
Behaglichkeit. Nach dem Dessert rollt – man ist
schließlich in der Schweiz – noch ein Käsewa-
gen heran!

www.tuefi.ch

169 KAROLINENHOF KREMMEN, BEI NEURUPPIN

Seit 1992 grasen auf dem Karolinenhof in Flatow die Ziegen. Der Hof liegt im Luch, einem ehemaligen Feuchtgebiet, das durch viele Gräben entwässert wird. Nur an wenigen anderen Orten kann man Gerichte mit Ziegenmilch frischer probieren als hier. Das fängt schon beim Frühstück an: Das „Melkerfrühstück" zum Beispiel besteht aus Kaffee mit frischer Ziegenmilch (plus selbst gedrehte Zigarette?) und wird am Melkstand eingenommen. Alternativ gibt es vier Sorten Ziegenkäse, Obst, Joghurt und Marmelade. Mittags wird eine Gemüsepfanne mit Ziegenhack, geröstetem Brot und Knoblauchöl angeboten. Die Köche sind kreativ: In der „Suppe der Saison" schwimmen eine Frischkäsekugel und Brot. Und selbst die Schoko-Ricotta-Torte und die Käsesahne-Torte werden mit Ziegenkäse hergestellt. Der ist übrigens gesund und superverträglich, für Menschen mit Kuhmilch-Unverträglichkeit ist das besonders wichtig.
Übrigens: Im Herbst rasten hier bis zu 70000 Kraniche auf ihrem Weg von Skandinavien und Polen nach Südfrankreich.

https://guter-ziegenkaese.de

170 BEET, LUXEMBURG

Das vegane Restaurant liegt im Zentrum der Stadt Luxemburg. Die Zutaten, die der Küchenchef verwendet, sind fast alle bio, aber sämtlich saisonal und in der Region bewusst eingekauft. Die Gerichte sind pflanzenbasiert und zielen auf beliebte Klassiker der modernen Küche ab. So stehen Auberginenburger, Süßkartoffel-Pommes-Frites, Falafel, Baba Ganoush, Suppen und selbst gemachte Säfte auf der Karte. Sonntags gibt es Brunch. Man sitzt auf Plastikstühlen oder Holzbänken an relativ niedrigen Tischen. Da vegane Restaurants in Luxemburg noch Seltenheitswert haben, ist es hier oft recht voll. Vom Preisniveau her liegt das *beet* im Luxemburger Durchschnitt.

www.beet.lu

171 FREIXENET, BEI BARCELONA

Cava, also Perlwein, ist eine Spezialität in Katalonien. Besonders im Ort Sant Sadurni d'Anoia, unweit von Barcelona, findet sich eine Cava-Kellerei neben der anderen. Die größte davon ist Freixenet, die auch in Deutschland weithin bekannt ist. Freixenet verschreibt sich der nachhaltigen Produktion, und zwar in großem Maßstab. Investitionen in neue Technologien und aktiver Umweltschutz sind Grundprinzipien des Handelns der Kellerei, die heute zum deutschen Henkell-Konzern gehört. Angesichts der riesigen Mengen von Trauben, die in der Zentrale in Katalonien verarbeitet werden, liegt allerdings der Schluss nahe, dass nicht alle aus der näheren Umgebung stammen. Die Jahresproduktion betrug zuletzt rund 200 Millionen Flaschen. Die Besichtigung der Kellerei und des riesigen Geländes erfolgt mit einem elektrisch betriebenen Bähnchen und ist sehr lehrreich.

www.freixenet.de

CAVA REAL

X

172 LOKALHELDEN, AUGSBURG

Bananen, Basmatireis und Tütensuppen? Die sucht man im *Lokalhelden* vergeblich. Stattdessen gibt es Gelbe Beete, Perl-Einkorn, auch Bayerischer Reis genannt, und hausgemachtes Tomatenketchup. Die Macher waren es leid, dass lokale Produkte in normalen Supermärkten schwer zu finden waren und stattdessen Äpfel aus Neuseeland oder Tomaten aus Spanien angeboten wurden. So kam es zur Idee dieses urbanen Hofladens, in dem zum Beispiel auch Gemüse vom Stadtacker verkauft wird. Angeschlossen ist eine Küche, die Übriggebliebenes zu leckeren Gerichten oder Feinkost verarbeitet. Praktisch: Die Erzeuger sind alle auf der Internetseite gelistet.

Das Heldenlokal bietet Frühstück, Mittagessen und Abendimbiss, dazu Limos, Biere, Saftschorlen und frisch gepresste Säfte. Auch hausgebackene Muffins und Blechkuchen liegen in der Vitrine. Sogar die Schokolade hier ist selbst erzeugt! Milchprodukte, Käse und Eier setzen die Betreiber bewusst sparsam ein. Auf raffinierten Zucker, tierische Fette und Auszugsmehl verzichten die Köche weitgehend – das ist gesund!

www.lokalhelden-augsburg.de

173 STRAWBERRY TREE, MACREDDIN

Der „Erdbeerbaum" ist eines der wenigen zertifizierten Bio-Restaurants in Irland. Schon das dicht mit Grünpflanzen bewachsene Gebäude und die Veranda mit weißen, schmiedeeisernen Säulen, sind eine Augenweide. Es liegt im Dorf Macreddin, im Süden des Wicklow Mountains Nationalpark, eine Autostunde von Dublin entfernt. Jede Zutat, die hier in der Küche verwendet wird, kommt entweder aus dem Gemüsegarten des Hauses oder aus dem Umkreis von einem (!) Kilometer. Das schließt auch den Wein ein, der vom irischen Winzer David Llewellyn produziert wird. Es gibt eine Wildkost-Speisekammer und eine Räucherei, die von den Mitarbeitern bestückt wird. Das Menü wechselt monatlich, gemäß dem jahreszeitlichen Angebot. Die Preise liegen im oberen Bereich und kommen denen eines Zwei-Sterne-Restaurants nahe. Besonderheit: ein großer Tisch, an dem 44 Personen Platz haben.

www.brooklodge.com

174 SPILL, MALMÖ

Ein leuchtendes Vorbild für weitere Restaurants dieser Art: In diesem Lokal in Malmö, über die Öresundbrücke von Kopenhagen aus

zu erreichen, werden Zutaten verwendet, die ansonsten weggeworfen würden. Erfinder ist Erik Andersson, der vorher in Sterne-Restaurants gearbeitet hat – in denen bekanntlich nur das Beste gut genug ist und dementsprechend viel weggeworfen wird. Im *Spill* gibt es keine Speisekarte, schließlich kann man nie wissen, was gerade so im Container landet. Das Restaurant unterstützt damit Malmös Vorhaben, klimaneutrale Stadt zu werden. Im *Spill* wird nicht nur der Hunger, sondern auch das schlechte Gewissen bekämpft! Es gibt sowohl vegetarische Gerichte als auch Gerichte für „fleischfressende Pflanzen". Und sie schmecken!

www.restaurangspill.se

175 TERNELLS, EUPEN

In Eupen, auf der belgischen Seite der Eifel, liegt das *Ternells* idyllisch inmitten des Hertogenwaldes in einem Naturzentrum. Und will beweisen, dass gutes, frisches Essen mit natürlichen Zutaten nicht teuer sein muss. Und vor allem auch mundet! Man kann drinnen am Holzofen sitzen oder draußen im Biergarten. Die verwendeten Lebensmittel sind fast alle in Bio-Qualität. Müll wird vermieden und Küchenabfälle kompostiert. Zu Hirschfrikadellen mit Kartoffelgratin werden prickelnde, in der Nähe gebraute Handwerker-Biere serviert. Nach dem Essen kann man sich im hauseigenen Wildtiermuseum weiterbilden oder den gut gepflegten Kräutergarten des Hauses beschnuppern.

www.ternells.be

176 VILLA GRETA, ŚWIERZAWA

Greta Thunberg würde dieses Restaurant sicher gefallen. Geschaffen wurde die *Villa Greta* 2005 ganz ohne Bezug zu ihr von einem polnisch-pakistanischen Pärchen. Ihre Villa soll vor allem für Eltern mit Kindern ein Anlaufpunkt sein.

Auf der Website des Restaurants sind alle Lieferanten des Restaurants aufgelistet, ebenso alle Produkte (mit Preisen), die die Küche verwendet. Die Wurstwaren sind tatsächlich geräuchert – anders als viele Wurstwaren, die man aus dem Supermarkt kennt und die ihr Raucharoma einer Flüssigkeit verdanken, mit der sie bepinselt wurden. Kleine Bauernhöfe aus Dobków liefern Eier, Quark, Milch, Joghurt, Butter und Holunderblütensirup. Die Küche verwendet auch den von Natur aus glutenfreien Buchweizen, grüne Linsen und Kürbiskerne in Öko-Qualität. Alle Lieferanten sind den Betreibern persönlich bekannt, so backt Aniela Panczak Brot; der wenig gezuckerte Apfel-Kirschsaft oder die Pfirsichkonfitüre stammt aus dem Obstgarten von Ania und Boleslaw Szlaczka, den Öko-Käse aus den Sudeten produzieren Lucyna und Sylwester Wanczyk. Auch der Wein ist regional, vom nahegelegenen Weinberg im Katzengebirge.

www.villagreta.pl

177 JAMES AND THE COOK, KIEL

Insekten – einigen wird diese Speise aus dem Dschungelcamp bekannt sein – schmecken viel besser, als sie aussehen! Da sie, etwa Mehlwürmer, Heuschrecken und Grillen, erst seit 2018 in der EU als Lebensmittel erlaubt sind, gibt es in Deutschland noch nicht viele Restaurants, die diese Kost anbieten. In der Schweiz ist die Auswahl etwas größer, da Insekten dort schon länger offiziell verkauft werden dürfen. Auch in den Niederlanden und Belgien ist ihr Genuss schon weiter verbreitet, da man dort die europäischen Richtlinien liberaler auslegte.

Bei *James & the Cook* in Kiel gibt es einen Vorspeisenteller, der unter anderem mit einer Frühlingsrolle mit Mehlwürmern und einer Heuschrecke auf einem Stück Kochbanane bestückt ist. Ob der Verzehr von Insekten, der übrigens in asiatischen Ländern schon seit Langem etwas völlig Normales ist, tatsächlich nachhaltig und eine Ernährungsform der Zukunft ist, darüber streiten sich Experten. So werden in Grillenfarmen in Asien die Tiere mit Soja und Fischmehl gefüttert, ökologisch nicht gerade unproblematisch. Und ob die Massenzucht von Insekten nicht ähnliche Probleme mit sich bringt wie die Massenproduktion von Fleisch, wird sich erst noch zeigen.

www.james-and-the-cook.de

178 CANTEEN AT MAKER HEIGHTS, MILLBROOK

Das Äußere dieses Restaurants in Cornwall ist prägnant: Es ist eine von mehreren schlauchförmigen Baracken, die mit grünem Wellblech überzogen sind. Die Adresse liegt ziemlich abseits, auf der Kuppe des letzten Hügels auf der Rame Halbinsel, kurz vor dem Fluß Tamar. Der Blick hier ist atemberaubend: Man schaut hinunter auf die Weiler Kingsand und Cawsand, am besten von den Bänken, die vor dem Restaurant stehen. Drinnen ist die Einrichtung sehr einfach, ein paar Pflanzen hängen in Töpfen von der Decke.

So abgeschieden wie es liegt, könnte das Restaurant mit rein vegetarischer Küche kaum überleben. Neben vegetarischen steht denn auch Hausmannskost auf der Karte. Ob Fleisch, Fisch oder Kartoffeln – wann immer möglich werden in der Küche lokale Produkte verarbeitet.

Zu den *Maker Heights* gehören auch der Soleil Store, ein Kleidungshersteller für handgemachte, ethische und nachhaltige Kleidung, und das Community Art Studio, das handwerklichen Workshops und kreativen Gruppen offen steht.

www.makerheights.org.uk

179 YUMAN, PARIS

Alles gut und schön, ein Bio-Restaurant zu sein. Aber wenn der CO_2-Fußabdruck aufgrund des Abfalls, den man produziert, trotzdem groß ist, was nützt das Ganze dann? *Yuman* hat sich diesem Problem gestellt und einen Ort mit einem ganzheitlich umweltfreundlichen Bewusstsein geschaffen. Die Einrichtung besteht aus recycelten Gegenständen, das Wasser im Restaurant ist gefiltert, alle Verpackungen und jeglicher Müll werden recycelt, die Waren kommen morgens per Fahrrad. Das Restaurant ist zwar etwas abgelegen, doch der Weg lohnt. Die Gerichte sind einfach, aber die Karte hat für jeden etwas: für Vegetarier, für Veganer, für Fleischesser und für Glutenfreie.

www.yuman-restaurant.com

180 BOCKWINDMÜHLE STRAUPITZ, BEI COTTBUS

Nachhaltiger und effizienter geht es nicht. Die Holländer-Windmühle Straupitz erledigt mithilfe von Windkraft drei Arbeiten gleichzeitig: Sie mahlt Korn zu Mehl, sie presst Leinöl aus Leinsamen und sie sägt Holz. Sie ist ein Unikum, nämlich die letzte produzierende Dreifachwindmühle Europas, gleichzeitig ein lebendes Museum. Die Technik der Kornmühle entspricht der des Jahres 1930. Heute wird hier Roggenvollkornschrot gemahlen. Allerdings nur bei ausreichend Wind, da sich die Flügel nur dann drehen. In der Ölmühle wurden von 1919 bis 1974 Rapsöl und Leinöl gepresst. 1995 wurde die Ölmühle restauriert, heute produziert sie

nach Müller Nitschkes Art Leinöl. Der Leinsamen wird dafür zunächst geröstet, das erzeugt einen leicht nussigen Geschmack. Im Restaurant neben der Mühle kann dieses Öl mit dem typischen Gericht Pellkartoffeln und Quark genossen werden, und kaum irgendwo anders schmeckt es dermaßen gut. Die Sägemühle, die heute immer noch funktioniert, benötigt allerdings Windstärke 6, um zu arbeiten, was in Straupitz eher selten vorkommt. Sie geht auf das Jahr 1885 zurück. Im Müllerhaus neben der Mühle, das 2002 erbaut wurde und einen alten Holzschuppen ersetzte, haben das Restaurant und der Mühlenladen Platz. Man kann dort frisches Leinöl, Leinkuchenmehl, Mühlenbrot und die berühmten Spreewaldgurken kaufen.

www.windmuehle-straupitz.de

181 DINGSDUMS, BERLIN

Die perfekte Teigtasche? Vielleicht gibt es sie hier! Die Zutaten für das Gericht, das es unter Namen wie Dumpling, Empanadas, Pelmeni, Panzerotti, Samosa und Wan Tan fast überall auf der Welt gibt, wechseln im *DingsDums* in wöchentlichem Rhythmus. Der Grund? Ihre Zusammenstellung ist für die Macher nicht so recht planbar: Hier werden nämlich weitestgehend Produkte verwendet – meist aus Einzel- und Großhandel –, die, obwohl einwandfrei, eigentlich als Müll entsorgt werden sollten! Jede Teigtasche wird in einem kleinen Schälchen mit einer passenden Soße serviert. Der

niedrige Preis resultiert aus der geringen Größe der Taschen, von denen man ohne Probleme 4 oder 5 hintereinander essen kann. Auch „Dessert-Dumplings" gibt es: zum Beispiel eine mit Apfel und Vanille gefüllten Teigtasche. Die fertigen Dumplings, die schockgefrostet sind, werden nach der Bestellung in einem Gyoza Grill gedämpft und anschließend kurz angebraten. Dann steht dem Genuss nichts mehr im Wege, und es wird noch unbegreiflicher, dass die Zutaten eigentlich vernichtet werden sollten. Woher der Name? Irgendwie hat man ihn aus „Dim Sum" (kleine Gerichte) und „Dumpling" zusammenkomponiert.

www.dingsdums.de

182 THE SACRED, ZÜRICH

Im ersten veganen Bio-Restaurant der Schweiz kann man sich nach Belieben an der Theke bedienen. Abgerechnet wird nach dem Gewicht der Teller. In der Auswahl finden sich Zürcher Geschnetzeltes mit Pilzsauce (natürlich ohne Fleisch!), Soyananda Rahmtofu, Gemüse und Vegelato, ein veganes Eis mit Bio-Himbeeren oder Bio-Erdbeeren, gesüßt mit Datteln oder Birnendicksaft. Auch die Getränke sind fleischlos – Softdrinks, in denen Gelatine enthalten ist, gibt es hier also nicht. Stattdessen wären da das basische Wasser, das auf einen pH-Wert von 8 ionisiert ist, die Bio-Zitronade, das Bio-Ingwerwasser und das Ojas-Wasser. Ojas ist die vom Team des Herstellers veganer Lebensmittel Soyana entwickelte Methode, mit der dessen Räume und Lebensmittel harmonisiert sind. Fermentierte Getränke sind

auch erhältlich, zum Beispiel der Detox-Chi mit BioChlorella mit frischem Bio-Ingwer und frischem Bio-Kurkuma. Der Bio-Kaffee wird serviert mit veganem Rahm.

Das Restaurant unterstützt das Wildkaffee-Projekt in Äthiopien, mit dessen Hilfe die Kaffeebauern von Kaffa ein langfristiges Einkommen aus dem Regenwald erzielen sollen. Mit der Vermarktung weiterer Regenwaldprodukte wie Honig und Gewürze sollen künftig noch mehr Bauernfamilien ihren Lebensunterhalt aus der schonenden Nutzung des Regenwaldes bestreiten können.

www.vegelateria.ch

183 NOLLA, HELSINKI

Die Betreiber des *Nolla*, zu Deutsch Null, finden, dass das zeitgenössische Abfallmanagement veraltet ist und beschlossen, etwas dagegen zu tun. Im Nolla gibt es in der Küche keinen Abfalleimer – und auch sonst im Restaurant nicht. Zudem wird man im Restaurant kei-

IN PLASTKFREIEN UMFELD lecker SPEISEN

nen einzigen Behälter aus Plastik finden. Keine Plastikbeutel, nicht mal ein Stück Gummi. Auch die Kleidung der Bedienungen und die Tischdecken sind in dieses Konzept eingeschlossen. Im Verständnis der Betreiber hört Nachhaltigkeit nämlich nicht beim Essen auf. Deswegen arbeitet man eng mit Designern, Architekten und Ingenieuren zusammen. Im Lokal gibt es Vier-Gänge-Menüs und Sechs-Gänge-Menüs. Das Augenmerk wird auf die finnische kulinarische Tradition gelegt, dazu gehören beispielsweise Weißfisch mit Kohl und Erbsenpüree, gebrannte Schokolade mit Sauerteigeis. Vegetarische und vegane Menüs gibt es auf Anfrage.

www.restaurantnolla.com

184 HOBENKÖÖK, HAMBURG

Ein einzigartiges Zusammenspiel aus Restaurant, Markthalle und Catering – das ist das Hobenköök am Hamburger Oberhafen. Angeboten werden regionale und saisonale Lebensmittel, die zu leckeren norddeutschen Speisen verarbeitet werden. Der Oberhafen lag einige Jahre im Dornröschenschlaf. Jetzt wurde er mit der Hafenküche wachgeküsst. Im Angebot sind Nahrungsmittel von rund 200 Produzenten. Und die Menschen von der Hobenköök wissen, woher das jeweilige Produkt kommt, wie es hergestellt wurde und wer daran beteiligt war. Aufgrund der Produktvielfalt und des ständigen Wechsels im Angebot kommen jeden Tag neue Gerichte auf die Speisekarte, die Kreativität der Köche ist stets gefordert. Morgens gibt es zum Beispiel Rundstücke von der Bio-Bäckerei Bahde mit Sauerrahmbutter vom Hof Wulksfelde mit veganem Gemüseaufstrich und Frischkäse von Kruse. Ein Snack wäre die Friesische Waffel mit Kompott und Beeren aus Schleswig-Holstein, Zuckerrübensirup und Schlackermaschü. Was das genau ist, sollte man die nette Dame an der Theke fragen.

www.hobenkoeoek.de

185 SENFMÜHLE MONSCHAU, BEI AACHEN

Diese Mühle mahlt schon lange. 1883 wurde sie erbaut, hier wurde der berühmte „Düsseldorfer Senf" hergestellt. Er wurde in Töpfen verkauft, pfundweise – damals war Nachhaltigkeit eben selbstverständlich! Nach dem Zweiten Weltkrieg verlor der Senf in Deutschland langsam an Bedeutung, da zusätzlich exotischere Gewürze auf den Markt kamen. Die Senfmühle Monschau blieb erhalten – heute kann sie ihr Nachhaltigkeitspotenzial

DESSERT IM HOBENKÖÖK. MIT SCHLACKERMASCHÜ?

wieder beweisen. Ihre Herzstücke sind die beiden schweren Mahlsteine aus Eifeler Lavastein, jeder 400 Kilogramm schwer. In einem hölzernen Bottich wird die Maische aus Senfmehl, Essig und Gewürzen angerührt. Früher wurden die Treibriemen für die Mühle noch mit Wasserkraft angetrieben, heute erledigt dies ein Elektromotor. Die Kunst bei der Senfzubereitung ist es, die Körner so zu zermahlen, dass die ätherischen Öle freigelegt werden. Und dies unterscheidet guten Senf von minderwertigem. Senf ist übrigens nicht nur Gewürz, sondern auch Heilmittel – der Darm funktioniert mit einer Beigabe von Senf gleich viel besser.
Zu den Führungen durch die Senfmühle kann man ohne Anmeldung kommen, die Führung kostet 3 Euro. Im angeschlossenen Restaurant „Schnabuleum" spielt Senf ebenfalls eine Rolle. Mehr sei nicht verraten.

www.senfmuehle.de

186 LE SAINT-GERMAIN DES CHAMPS, RENNES

Die Bretagne kennt man eher als kulinarisch unprätentiöse Region. In der Hauptstadt Rennes gibt es aber auch empfehlenswerte kulinarische Orte. Seit 1994 betreibt Dominique Fournier das Lokal, in dem er Fisch und vegetarische Gerichte aus Bio-Produkten zubereitet. Lange Schlangen vor der Tür zeigen an: Es wird auch to go verkauft. Täglich steht ein glutenfreies Gericht auf der Karte, frische Obstsäfte gibt es obendrein. Insider schwören auf Sandwiches.

www.facebook.com/lesaintgermaindeschamps

187 KMo, SAN SEBASTIAN

Dem Namen des Restaurants, Kilometer 0, werden die Gerichte nicht 100-prozentig gerecht. Denn es ist kaum anzunehmen, dass Reis, Mango und Bananen im Baskenland wachsen. Trotzdem ist der Ansatz löblich. *KMo* zitiert Hippokrates mit dem Spruch, dass das Essen deine Nahrung sei, und die Nahrung deine Medizin. Die ist im KMo entweder vegetarisch oder vegan. „Wir sind, was wir essen", zitiert das Restaurant einen weiteren, nicht gerade neuen Spruch. Die Preise sind bodenständig: Für ein Drei-Gänge-Menü werden 20 Euro veranschlagt. Die Auswahl reicht von vegetarischer Lasagne mit Gemüse über Frühlingsrollen mit süß-saurer Sauce bis zum Schoko-Bananenkuchen. Baskisch muss hier übrigens niemand können, das Personal spricht Spanisch und Englisch.

www.veganvegetariankmo.com

188 RESTAURANT VISTA, PORTIMÃO

Feinschmeckerrestaurants zahlen hohe Preise für frischen Edelfisch. Das hat wiederum zur Folge, dass Fischer andere Fische, „Beifang" genannt, wegwerfen. Nicht sehr nachhaltig, dachte sich Starkoch Joao Oliveira vom Gourmetrestaurant *Vista* (1 Michelin-Stern) und machte sich daran, Gerichte zu kreieren, die den „Beifang" als Grundlage haben. Er verwendet weder den üblichen Wolfsbarsch noch Steinbutt oder Seezunge. Bei ihm kommen weniger bekannte Fische wie die Flunder, die

Holzmakrele oder die Pferdemakrele auf den Teller. Laut Oliveira orientieren sich 99 % der Spitzengastronomen beim Einkauf des Fisches am Preis und nicht an der Qualität. Bei seinen Gerichten versucht Oliveira, ursprüngliche Aromen und die Textur zu erhalten. Salz, Pfeffer – andere Gewürze benutzt Oliveira nicht, um den Eigengeschmack des Fisches nicht zu überdecken. Regionalität spielt für den Koch außerdem eine große Rolle. So verwertet er nur Fische und Meeresfrüchte seiner Region. Die Redaktion meint: Für dieses Konzept hat Oliveira nicht nur einen Feinschmeckerstern, sondern auch einen Nachhaltigkeitspokal verdient!

www.vistarestaurante.com

Auf Rädern,
BRETTERN ODER KUFEN

... kommt man nachhaltig zum ziel und tut dem Körper etwas gutes.

Schön flach!

189 RADWEG BERLIN–KOPENHAGEN

Das schöne – und gleichzeitig nachhaltige – an Fernradwegen ist die Tatsache, dass man sie in einer Richtung befahren kann, und vom Endpunkt – hier wäre es Kopenhagen – umweltfreundlich Rad und Reiter mit der Bahn nach Hause bugsieren kann.

Der Radweg von Berlin nach Kopenhagen ist durchgehend beschildert, nur innerhalb von Ortschaften hapert es manchmal etwas damit. Trotz der Wegstrecke von rund 550 Kilometern ist der Radweg auch für Anfänger geeignet. Die höchsten „Steigungen" betragen weniger als 50 Meter. In Brandenburg und Mecklenburg-Vorpommern führt der Radweg an vielen Seen, urtümlichen Dörfern und Waldgebieten vorbei. Übernachtungen braucht man hier nicht zu reservieren, es gibt eine Vielzahl von kleinen Pensionen und Ferienwohnungen direkt am Weg, die fast immer ein Zimmer frei haben. Ein schöner Rastpunkt ist die Havelquelle bei Krakow am See, die gleichzeitig Wasserscheide zwischen Ostsee und Nordsee ist. Von Rostock zum dänischen Gedser muss man die Fähre nehmen. Die zweistündige Überfahrt kostet für Fahrrad und Fahrer 8 Euro. In Dänemark wird die Strecke noch flacher, die Auswahl an kleinen Hotels und Pensionen ist hier eher beschränkt. Das fahrradfreundliche Kopenhagen bietet zahlreiche gut ausgebaute Radwege.

www.bike-berlin-kopenhagen.de

190 RADTOUR FLEVOLAND, NIEDERLANDE

Die Route durch Flevoland ist eine der wenigen Radtouren auf der Welt, die unter dem Meeres-

spiegel verläuft – und zwar rund fünf Meter. Denn Flevoland wurde dem Meer künstlich abgerungen. Von Amsterdam aus geht es auf einem vorbildlich beschilderten Radwegenetz, hier „Fietsroute" genannt, nach Lelystad. Auch Mofa- und Rollerfahrer dürfen die Fietsrouten befahren, sogar ohne Helm! Im Naturschutzgebiet Oostvaardersplassen lohnt sich eine Pause. Hier gibt es Konik-Wildpferde, rund 1000 Stück. In der Batavia-Werft kann man sehen, wie weit der Nachbau eines Segelschiffes aus dem Jahr 1628 vorangeschritten ist. In Kraggenburg gibt es einen nachhaltigen Campingplatz, der mit

„Pods" bestückt ist, hölzernen Tonnen zum Übernachten. Schokland ist ebenfalls gut für eine Rast geeignet. Es war einmal eine Insel in der Zuidersee, heute ragt die Kirche auf einem kleinen Hügel über die platte Landschaft. Entlang des Drontenmeers, vorbei an immergleichen, modernen Bauernhöfen, geht es nach Elburg, einer schnuckligen Stadt mit viel historischem Flair. Und schließlich führt die Fietsroute durch Waldgebiete, in denen extra Radwege angelegt wurden.

Noch mehr Radtouren: www.flevoland.de

Bikes zu leihen ist in Luxemburg kein Problem.

etwa braucht rund 45 Minuten, dann ist man auf dem platten Land. Die Beckericher Mühle, erbaut 1797, bietet sich für einen Trinkstopp an. Sie arbeitet nachhaltig mit Biogas und Photovoltaikanlage. Von Lellingen nach Vianden führt die Tour durch dichten Wald bergauf, die mittelalterliche Burg ist gut für einen Halt. Entlang der Sauer, dem Grenzfluss zwischen Deutschland und Luxemburg, kann man dann wieder zurück in die Stadt radeln. Noch ein Hinweis: Fahrraddiebstahl ist im reichen Luxemburg selten.

www.veloh.lu

192 ZWEI RADTOUREN AUF DEN VÍAS VERDES, SPANIEN

KURZTOUR FÜR EINEN TAG

Vía Verde, grüne Straße, werden in Spanien die stillgelegten Bahnstrecken genannt, die zu Radwegen umfunktioniert wurden. Rund 90 davon gibt es in Spanien. Eine davon ist die 35 Kilometer lange Vía Verde Los Molinos de Agua in Andalusien. Der Anfang der Route liegt im Dorf San Juan del Puerto, das von einer Zellstofffabrik beherrscht wird. Die Umgebung ist deswegen mit schnellwachsendem Eukalyptus bepflanzt, der fast die gesamte restliche Vegetation unterdrückt. Der durstige Eukalyptus laugt den Boden aus und beschleunigt die Erosion. Nachhaltige Forstwirtschaft sieht anders aus! Der erste Teil der Strecke, teils auf brüchigem Asphalt, teils auf Schotter, fährt sich sehr leicht. Von der ehemaligen Trasse der Minenbahn ist leider nichts mehr zu sehen, nur das Bahnhofshäuschen auf der Hälfte des Weges in Pallares ist noch erhalten. Dann wird

191 PER RAD DURCHS GANZE FÜRSTENTUM, LUXEMBURG

600 Kilometer Radwege bietet das Fürstentum, dazu ein vorbildliches Radleihsystem namens *Veloh*. Durch die kleine Stadt führen vier ausgeschilderte Fahrradrouten unterschiedlicher Länge. Schön ist auch ein kurzer Abstecher direkt am Rand des Felsens entlang zur Corniche. Hier sieht man, in welcher Höhe die Stadt über der Schlucht thront, blickt auf die Festung Luxemburg gegenüber und erkennt die höhlenartigen Einbuchtungen im Felsen darunter, die unterirdischen Kasematten. Wer quer durchs Fürstentum fahren will, nutzt die Luxemburg-Card. Mit ihr kann man alle Züge – auch mit Fahrrad – kostenlos benutzen. Der Bummelzug von Luxemburg bis Kleinbettingen

es immer waldiger, und kurz vor Valverde ist der Fahrradweg perfekt planiert und sogar grün angestrichen.

4-TAGE-TOUR
Die längste Vía Verde ist die 204 Kilometer lange Vía Verde de Minas de Ojos Negros (Mine der schwarzen Augen). Sie nutzt die Trasse einer ehemaligen Minenbahn, auf der im 19. Jahrhundert Kohle von den Minen Ojos Negros zum Hafen von Saguntos transpor-tiert wurde, verläuft durch die drei Provinzen Teruel, Castellón und Valencia und führt über riesige Aquädukte. Weil die Dampfloks damals große Probleme mit Steigungen hatten, wurden viele Tunnel und Brücken gebaut – was so mancher nicht ganz austrainierte Radler von heute zu schätzen weiß.

www.viasverdes.com

193 REITEN IM LUBERON, FRANKREICH

Los geht es im Reithof *Les Cavaliers du Lube-ron*. Man spricht Deutsch hier, der Hof ist unter deutscher Leitung. Die Reitwege führen durch duftende Lavendelfelder, an Weinreben und üppigen Wiesen entlang. Unter den Pferden sind Camargue-Schimmel. In der Nähe liegt das Dorf Lourmarin, eines der schönsten Dörfer Frankreichs. Auch das Künstlerdorf Les Beaux ist nicht weit. Eine schöne Route führt zum Gipfel des Mourre Nègre auf 1100 Meter Höhe. Zu bestimmten Terminen bietet der Reiterhof auch nächtliche Ritte an, bei denen Zelte und Schlafsäcke mitgenommen werden, um draußen am Lagerfeuer zu übernachten. Eine gute Idee, besonders für Kinder, ist ein Besuch auf dem Bauernhof „Le Vieux Mas 1900" (www.vieux-mas.com). Er ist nach historischem Vorbild des Jahres 1900 belassen, alle Tiere – auch deren Nachwuchs – dürfen gestreichelt werden.

www.cavaliers-du-luberon.fr

194 KUTSCHFAHRT IN DER LÜNEBURGER HEIDE

Nein, eine Postkutsche ist dies nicht. Auch wenn die gelbe historische Kutsche so aussieht, ist sie ein Nachbau eines „Omnibus" aus dem Jahr 1895. Der Vierspänner wird von einem Pärchen auf dem *Traumzeithof* in der Ortschaft Dalle betrieben. Zehn Fahrgäste passen in das Innere der Kutsche, die mit Polstern und Stoffhimmel im Stil von 1895 ausstaffiert ist. Es gibt in der Heide zwar auch Betriebe,

die Kunden allein eine Kutsche fahren lassen, nachdem sie eine Einweisung erhalten haben, doch davon halten die Betreiber hier nicht viel. Um die hochsensiblen Tiere artgerecht zu führen, müsse man schon mehr Erfahrung haben. Die Region ist abgelegen, während der achtstündigen Fahrt begegnet man kaum einer Menschenseele.

Die Lüneburger Heide besteht übrigens vorwiegend aus Wald! Heidekraut und bizarr geformte Wacholderbüsche, also die typische Heide, bedecken nur einen geringen Teil ihrer Fläche. Die Region war schon immer ein ärmlicher Landstrich, die Leute aßen Gebackenes aus Buchweizenmehl, nicht aus Weizenmehl, da es hier wuchs und viel billiger war.

www.traumzeithof.de

195 DAMPFLOK OYBIN, OBERLAUSITZ

12 Kilometer lang ist die Distanz zwischen den Oberlausitzer Orten Zittau und Oybin, und die Bahn braucht genau 46 Minuten dafür. Kein Wunder, mehr als 25 km/h schafft der Zug nicht, und auf der Strecke liegen nicht weniger als acht Bahnhöfe! Doch die Dampflok, die nostalgisch die Hügel hinaufschnauft, erfreut sich bei allen Generationen großer Beliebtheit. Zumal es eine der wenigen Dampfeisenbahnen ist, die jeden Tag im Jahr planmäßig fahren; normalerweise absolviert sie fünf Fahrten am Tag.

wie in alten Zeiten

1889 begann die wohlhabende Stadt Zittau, die schon 1848 einen Bahnanschluss hatte (und auch heute gut mit dem Zug erreichbar ist), den Bau der Schmalspurbahn zum Kurort Oybin. Heute sind alle Waggons vorbildlich restauriert. Man kann im normalen geschlossenen Waggon fahren, bei gutem Wetter auch im offenen Cabrio-Waggon. Unbedingt einen Stopp einlegen sollte man auf halber Strecke am Museumsbahnhof Bertsdorf. Hier wird der Lok aus dem Jahr 1924 Wasser nachgefüllt. Auch ein Bahnhofshotel gibt es in dem winzigen Ort – allerdings ist es ein originalgetreuer Nachbau des alten Hauses. Zu DDR-Zeiten war das Gebäude dermaßen heruntergewirtschaftet, dass ein Neubau günstiger war als eine Renovierung. Wenn nach der Ankunft in Oybin noch Zeit ist, lohnt hier ein Trip auf den Berg Oybin mit romantischer Burg- und Klosterruine.

www.zittauer-schmalspurbahn.de

196 HAVEL-RADWEG

Von der Quelle bis zur Mündung der Havel schlängelt sich dieser Radweg über rund 390 Kilometer. Die Anreise zur Havel-Quelle ist mega-komfortabel. Von Berlin fährt ein durchgehender Zug mit großen Fahrradabteilen nach Kratzeburg, die Fahrzeit beträgt dabei weniger als zwei Stunden, das Ticket kostet inklusive Fahrradtransport knapp 30 Euro. Nach Kratzeburg folgen lange Wegstrecken durch Wälder, die junge Havel ist nicht mehr sichtbar. Auf den Feldern links und rechts sind dafür immer wieder große Vögel wie Kraniche, Flugenten und Fischadler zu sehen, die im Müritz Natio-

nalpark beheimatet sind. Der Bio-Campingplatz am Ellbogensee bietet sich für eine Kaffeepause an – die Bohnen stammen aus nachhaltigem Anbau. Nach Fürstenberg schlängelt sich der Radweg entlang gelb blühender, duftender Rapsfelder über die Mecklenburgische Seenplatte, alle paar Kilometer tun sich wunderbare Blicke auf blaue Waldseen auf.

Lohnenswert: die Besichtigung des Ziegeleiparks Mildenberg. Hier wurden in der Grün-

derzeit jene Abermillionen von Ziegeln gebrannt, mit denen Berlin ausgebaut wurde! Ein absolutes Muss ist ein Schlenker auf die Insel Werder, die romantischste Insel Deutschlands! Unterhalb der Windmühle ziehen sich Gassen mit Kopfsteinpflaster, die alten, manchmal etwas schiefen Häuschen sind mittlerweile alle restauriert.

www.havelradweg.de

INSEL USEDOM: BÄDER-
ARCHITEKTUR AN DER STRAND-
PROMENADE VON AHLBECK

197 RADWEG BERLIN-USEDOM, DEUTSCHLAND

335 Kilometer Strecke umfasst der Fernradweg von Berlin nach Usedom. Er führt durch die Uckermark, das am wenigsten besiedelte Gebiet in Deutschland. Wer die Radtour durch Brandenburg und Mecklenburg auch als kulinarische Reise versteht, wird aller Voraussicht nach enttäuscht. Döner-Imbisse und Asia-Schnellrestaurants sind das, was man in den kleinen Städten am Wegesrand finden kann. Auf Usedom bessert sich das gastronomische Angebot merklich. In Anklam, der Heimatstadt des Flugpioniers Otto Lilienthal, hängen sogar in der Nikolaikirche Fluggeräte. Eine Ausstellung zeigt, wie hübsch die Stadt vor dem Zweiten Weltkrieg war. Vom Endpunkt, dem Mini-Sackbahnhof Peenemünde, kann man dann mitsamt Rad die Rückfahrt antreten – zu jedem beliebigen Bahnhof in Deutschland.

www.berlin-usedom-radweginfo.de

Strandkoerbe mit Aussicht an der Seebruecke in Ahlbeck

198 IMMER AN DER MAUER ENTLANG

Klassischerweise beginnt man die Mauertour am Brandenburger Tor. Von hier sind es rund 160 Kilometer rund um das alte West-Berlin, bis man wieder am Ausgangspunkt ist. In drei Tagesetappen lässt sich der Weg gut abfahren. Dann ist auch genügend Zeit, um da und dort eine Pause einzulegen und berühmte Bauwerke oder Parks zu bestaunen. Ausgeschildert ist der Weg recht gut, wobei das Schild mit dem Mauerweg-Logo immer in 3,6 Meter Höhe angebracht ist – exakt die Höhe der ehemaligen Mauer. Deren Verlauf lässt sich gut an der doppelreihigen Kopfsteinpflastermarkierung erkennen. Manchmal ragt diese merkwürdig nah an Häuser heran – zu DDR-Zeiten waren hier Fenster und Türen zugemauert, um Fluchten zu verhindern. Im Süden von Lichterfelde kommt man an einer Geisterstadt vorbei, in der einst amerikanische Soldaten den Häuserkampf trainierten. Sogar ein U-Bahnhof wurde extra dafür angelegt. In Babelsberg beginnt dann der landschaftlich schönste Teil der Tour. Gleich hinter der Glienicker Brücke kann man stilvoll im historischen Ambiente einer alten Tankstelle speisen und sitzt dabei auf den Polstern der Rückbank einer alten Citroen DS Limousine – „Garage du Pont" heisst dieses kleine Restaurant. Am Ende der Tour wartet noch das „Parlament der Bäume gegen Krieg

AUSRITT AM STRAND – EIN TRAUM!

Meier und Peter Max Sutter geleitete Reiterhof *El Refugio* liegt im Naturschutzgebiet der Salzlagunen von La Mata und Torrevieja, 1,5 Kilometer vom Meer und einer ausgedehnten Dünenlandschaft entfernt. Umweltfreundlichkeit und Nachhaltigkeit werden großgeschrieben, Wind und Sonne helfen dabei: Der Strom wird von einem Windrad erzeugt, zudem gibt es eine Solaranlage. In den Stallungen, auf den Paddocks und auf den Koppeln stehen rund 50 Pferde, darunter Cruzados, Hispo-Araber und Lusitanos. Neben Pferden haben auch andere Tiere auf dem Hof ein Refugium gefunden: Hunde, Katzen, Schafe, Ziegen, Mufflons, Leguane, Wasserschildkröten, Hühner, Papageien, ein Pfau und verschiedene Vögel. Reitstunden gibt es für Anfänger und Fortgeschrittene, dazu auch Trailreiten durch die Vega Baja, durch Orangen-, Zitronen- und Mandelbaumplantagen, durch Salzlagunen und Ramblas. So nennt man die Trockenflüsse, die an den Wilden Westen erinnern. Wohnen kann man auch auf der Finca La Dehesa, die ausgestattet ist mit Schwimmhalle, Sauna und Whirlpool.

www.facebook.com/elrefugiocostablanca/

und Gewalt", ein Gedenk-ort, den der Künstler Ben Wagin kurz nach dem Mauerfall im Niemandsland angelegt hat. Entlang der spröden, grauen Regierungsbauten geht es dann zum Endpunkt, dem Brandenburger Tor. Genau wie auf dem Mauerstreifen zwischen der ehemaligen DDR und der BRD hat sich auf dem Berliner Mauerweg die Natur fast 30 Jahre lang ungestört entwickeln können.

199 REITEN AN DER COSTA BLANCA, SPANIEN

Reiten vor wunderbarer Naturkulisse oder am weiten Sandstrand der Costa Blanca. Ein echter Traum für Reitfreunde! Der von Gabriele

200 ZU PFERD AUF DEM RÄUBERTRAIL, KATALONIEN

Dem Fotografen Rudi Stolz hat es die Landschaft in Katalonien angetan. Nicht nur zum Fotografieren, auch zum Reiten. Auf seiner Finca stehen rund 40 Andalusier und andere spanische Pferde. Stolz' Geheimtipp sind Wanderritte durch die hiesige Naturlandschaft, die

einfach alles bietet: Flüsse, Wälder, Seen, mittelalterliche Dörfer und schließlich das Meer. Für den Räubertrail, der rund 200 Kilometer auf einem Rundkurs durch Frankreich und Spanien führt, muss man Reiterfahrung besitzen, um sein Pferd sicher in unbekanntem Gelände führen zu können. Benannt ist der Trail nach dem Rückzugsgebiet einstiger Räuberbanden, der sogenannten Trabucaires. Deren cleverer Kopf war der Bandit Joan Sala Serrallonga, der im 17. Jahrhundert mit seinen Kumpanen das Gebiet der Guilleries und der Garrotxa im Nordosten des Landes unsicher machte. Dort fanden die Schurken gute Verstecke, denn die Region war kaum erschlossen, sehr hügelig und waldig. Längst erloschene Vulkane und weithin sichtbare Tafelberge geben der Landschaft etwas Unverwechselbares. Die Sichthöhe vom Pferderücken aus von mehr als zwei Metern ist da vorteilhaft! Gen Tal hinunter geraten Seen, Flüsse und Wasserfälle ins Blickfeld. Die ältesten Bewohner der kleinen Dörfer können heute noch Storys über die Räuberbanden erzählen, aber nur auf Katalanisch!

www.panorama-trails.com

201 BURGENRADWEG, DEUTSCHLAND

Über 90 Burgen liegen an der Burgenstraße, die von Mannheim bis Prag führt. Sie alle sind für eine Wochenendtour zu viel, doch die Strecke von Mannheim bis Weinsberg, immer am Neckar entlang, verspricht ein entspanntes Radvergnügen. Die Dörfer entlang des Neckars haben prägnante Namen: Nach Neckargemünd kommt Neckarsteinach, es folgen Neckarhausen, Neckarwimmersbach und dann Neckargerach. Den meisten dieser Orte ist die Landflucht anzumerken, einige Geschäfte und altehrwürdige Landgasthöfe stehen leer. Ein fürstlicher Übernachtungsort ist dagegen die Burg Hornberg, mit eigenem Weinberg. Burg Guttenberg, ein Stückchen weiter, wirbt mit einer Vogelflugschau. Hier ist die Deutsche Greifenwarte beheimatet. In Bad Wimpfen sollte man sich Zeit für einen kleinen Rundgang durch die pittoreske und anmutige Altstadt nehmen. Die Mehrzahl der Fachwerkhäuser stammt aus dem 16. und 17. Jahrhundert. Besonders hübsch ist das Bügeleisenhaus in der Badgasse. Schöner Endpunkt der Tour: das Hotel Rappenhof in Weinsberg, mitten in den Weinbergen. Es bietet nicht nur eine schöne Aussicht über die Hügel, sondern auch eine erstklassige Küche in einem Bio-zertifizierten Restaurant.

www.burgenstrasse.de

202 REITEN IN POMARANCE, ITALIEN

Der Reiterhof Podere Palazzone liegt inmitten typisch toskanischer Landschaft. Zypressen-Alleen, alte Gutshöfe, vergessene Kapellen, Olivenhaine und Weingärten prägen die Gegend. Reiten kann man auch durch das Naturreservat Foreste di Berignone, ein riesiges, von Rehen und Mufflons besiedeltes Waldgebiet. Dort, wo der Fluss Cecina einen tiefen Canyon in den Fels geschliffen hat, kann mit den Pferden in den glasklaren, blau leuchtenden Senken am Masso delle Fancciulle gebadet werden. Angeboten werden einfache Touren für Genießer bis zu sportlich anspruchsvollen Ausritten mit steilen Passagen und freiem Galopp über Wiesen und Felder. Auf Wunsch bereitet das Haus ein Reiter-Picknick vor – mit toskanischen Spezialitäten, auch mit Barbecue am Flussufer.

Geritten werden Hannoveraner aus eigener Zucht. Podere Pallazone ist ein Partnerbetrieb des Programms „Hannoveraner erleben" des Hannoveraner Zuchtverbandes. Das Gestüt befindet sich in der Nähe der Etruskerstadt Volterra. Hier wird auch Rotwein gekeltert, es gibt einen Gemüse- und einen Obstgarten, zudem wird Olivenöl produziert.

www.toscanaonhorseback.com

x

203 WANDERREITEN LOUGHREA, IRLAND

Auf den saftigen grünen Wiesen Irlands das Land auf dem Pferderücken kennenzulernen, ist ein echtes Erlebnis. Eine gute Möglichkeit für Wanderritte ist der Connemara Coast Trail. Er führt durch die wildeste und gleichzeitig schönste Landschaft, die Irland zu bieten hat. Das Gepäck wird dabei von Hotel zu Hotel transportiert.

Jeder Reiter erhält ein passendes Pferd nach seinen reiterlichen Fähigkeiten. Vier bis sechs Stunden pro Tag ist man im Sattel. Begleitet wird die Gruppe von Willie Leahy, einem irischen Pferdeflüsterer. Unterwegs wird gepicknickt, mal mit Ruinen alter Schlösser und Herrenhäuser als Kulisse, mal an einem Gebirgspfad.

Auch Wanderreiten am Meer und Baden mit Pferden sind möglich. Für Freunde der Jagd wird Dartfield Jagdreiten angeboten. Beim Cross-Country-Reiten ist die Beherrschung aller Gangarten Voraussetzung. Die Basis für diese Veranstaltungen befindet sich in Loughrea in Galway.

www.connemara-trails.com

204 REITEN FÜR KÖNNER, MONTENEGRO

Montenegro ist (noch) geprägt von unberührter Natur. Der Großteil der Landesfläche ist bergig und liegt mehr als 1000 Meter über dem Meeresspiegel. Ein Gebiet also für anspruchsvolle Reiter. Auf der kleinen Fläche des Balkanstaates liegen fünf Nationalparks! In der Kleinstadt Kolasin, ca. 80 km nördlich von Podgorica, gibt es einen Reiterhof, der zwischen Juni und Oktober Wanderritte auf die Bjelasica, Sinjavina und andere umliegende Bergketten organisiert. Für die Touren werden Balkangebirgspferde genutzt, die hier zu Hause und darin erprobt sind, sich in der Bergwelt zu bewegen. Als Unterkünfte dienen Blockhäuser; man kann zwischen Selbstversorgung und Halbpension wählen. Auf den Tisch kommen lokal produzierte Lebensmittel wie Fleisch, Käse, Milch und Gemüse. In der Nähe befindet sich das Öko-Dorf Bijeli Potok.

www.eco-tours.co.me

205 DOLOMITEN-RADWEG AUF ALTER BAHNTRASSE

Der Dolomiten-Radweg von Toblach bis Calalzo di Cadore, insgesamt 66 Kilometer lang, ist auch für ungeübte Radfahrer machbar, denn er verläuft zum Großteil auf der Trasse einer Schmalspurbahn, die im Ersten Weltkrieg erbaut und 1964 eingestellt wurde. Das Schöne: Meist geht es bergab! Noch schöner: Man hat fast permanent wunderbare Ausblicke auf Dolomitengipfel wie den Monte Cristallo oder die Hohe Gaisl. Insgesamt werden auf der Strecke 10 Tunnel durchfahren, dazu einige Viadukte und Brücken überquert. Der Weg ist noch nicht durchgängig asphaltiert. Er beginnt in Toblach in einer Höhe von 1200 Metern. Von hier aus geht es am See vorbei in südlicher Richtung

Das Schloss in Chenonceaux liegt direkt am Fluss.

bis Calalzo di Cadore auf etwa 740 Metern Höhe. Mit der Bahn kann man bis zum Bahnhof Niederdorf anreisen. Von dort dort sind es sieben Kilometer bis zum Beginn des Radweges in Toblach. Am Ende der Tour in Calalzo di Cadore gibt es einen Bahnhof der italienischen Eisenbahn.

206 DRAISINE ZOSSEN

Das Eisenbahnfahren ist eine nachhaltige Fortbewegungsart. Noch nachhaltiger aber sind Draisinen, da sie mittels Menschenkraft auf Gleisen fortbewegt werden. Draisinen gibt es schon seit 1817, ihr Erfinder war Freiherr Drais von Sauerbronn. Ursprünglich war die Draisine für Reparaturfahrten auf Bahngleisen gedacht. Heute gibt es verschiedene Arten von Draisinen. Da wäre die Fahrraddraisine, die pro Gefährt zwei bis vier Personen Platz bietet. Der Antrieb erfolgt wie beim Fahrrad mithilfe von Pedalen. Die Elektrodraisine verfügt über drei Tretantriebe, ein Elektromotor unterstützt das Treten. Die Hebeldraisine kennt manch einer aus alten Western-Filmen. Hier haben sechs bis acht Personen Platz. Angetrieben wird sie von einem riesigen Hebel, der von allen Beteiligten unablässig auf- und niedergedrückt werden muss. Für die Strecke Zossen südlich Berlins kann man die Gefährte in Templin und Fürstenberg an der Havel ausleihen. Unterwegs ist es möglich, langsamere Draisinen zu überholen. Die Strecke führt durch Wälder, über Seen und Wiesen und auch durch Ortschaften wie die Flößerstadt Lychen.

www.draisine.com

207 RADTOUR ENTLANG DES INDRE, FRANKREICH

Wer den gesamten Loire-Radweg abfahren möchte, braucht viel Zeit. Er ist 900 Kilometer lang, dafür aber stets eben – es geht immer am Flussufer entlang. Überschaubarer ist dagegen die Tour entlang des Indre, ein Nebenfluss der Loire. Der Weg startet in Chenonceaux und endet 200 Kilometer entfernt in Azay-le-Rideau. Er ist bestens für Anfänger geeignet, denn nennenswerte Steigungen existieren nicht. So ist man ausgeruht für Besichtigungen von prächtigen Schlössern, die den Weg säumen. Schloss Chenonceau, ein Wasserschloss, bildet den glanzvollen Auftakt. Ein Teil des Schlosses, die Galerie, spannt sich über den Fluss Cher. Das zweiflügelige Renaissance-Schloss Azay-le-Rideau wurde auf einer Insel angelegt, sodass es sich auf dem Wasser des Indre spiegelt. Romantisch sind die alten Wassermühlen im Indretal, kirchliche Kultur kann man in der Abtei Cormery schnuppern. Dann wäre da noch die königliche Stadt Loches, ein Meisterwerk mittelalterlicher Militärbaukunst. Unterkünfte am Wegesrand gibt es reichlich. Auf Gästezimmer, die speziell für Radfahrer ausgestattet sind, weist das Zeichen Accueil-Velo hin. Auch Campingplätze, Tiny Houses und Baumhäuser befinden sich an dieser kulturträchtigen Strecke.

208 ALENTEJO-RADWEG, PORTUGAL

Radwege gibt es im Alentejo noch nicht. Doch wenn man auf kleinen Landstraßen fährt, ist man fast immer allein unterwegs, die Autoverkehrsdichte ist sehr gering. Nur der eine oder andere Traktor überholt bisweilen. Eine schöne Zwei-Tages-Tour führt von Santa Clara a-Velha nach Santiago do Cacem, Streckenlänge rund 100 Kilometer. Es geht durch stilles Land mit Eukalyptuswäldern, Korkeichen, abgelegenen Bauernhöfen und sehr kleinen Dörfern. Man sollte zur Orientierung entweder sehr gute Landkarten dabei haben oder ein Navi mit Offline-Modus. Hinter Odemira geht es durch üppige Natur am Rio Mira entlang. Dann nähert man sich dem Atlantik, Gewächshäuser sowie Orangen- und Zitronenplantagen geraten ins Blickfeld. Am Meer geht es weiter auf der Rota Vicentina. Diese Wanderroute ist für Radfahrer freigegeben, allerdings ist sie nicht gerade sehr eben. Unten schlagen mächtige Wellen mit Getöse an die steil aufragenden Klippen. Auf der ganzen Route sieht man Störche, die hier ihre Nester haben. Hinter Cercal ändert sich die Landschaft wieder, man radelt durch

Korkeichenwälder, vorbei an abgelegenen Klosterruinen und urigen Dorfkneipen. Santiago do Cacem ist schon von Ferne sichtbar: Auf dem Hausberg der Kleinstadt thront eine mittelalterliche Templerburg.

209 VELOTOUR DURCHS SIMMENTAL, SCHWEIZ

Für die große Schweizer Seenroute bräuchte man extrem viel Zeit: Sie beginnt in Montreux am Genfersee, ist 500 Kilometer lang, berührt 16 kleine und größere Seen und kann in zehn Etappen unterteilt werden. Man kann aber auch einfach nur Teile von ihr fahren. Eine schöne Tagestour ist die 54 Kilometer lange Strecke durch das Simmental. Einerseits geht es auf ihr 900 Höhenmeter bergab, andererseits sind bergauf immerhin rund 500 Höhenmeter zu überwinden! Im Zweifel also besser

Idyllisch liegt Schloss Spiez am Thunersee.

ein E-Bike mieten. Los geht es am Bahnhof in Gstaad, dann passiert man die Orte Zweisimmen, Boltigen und Oberwil. Auf der linken Seite ragen Gipfel wie das Bäderhorn, der Schafberg oder der Hohmädli auf. In Wimmis gibt es ein Schloss und eine Reihe alter, schmucker Holzhäuser. Das älteste wurde 1650 erbaut!

Endpunkt ist der Bahnhof in Spiez am Thunersee – Schloss Spiez ist hier eine Besichtigung wert. Für den nächsten Tag bietet sich eine Umrundung des Sees an, und zwar auf einem 52 Kilometer langen, mit 890 Meter Auf- und Abstiegen aber recht anspruchsvollen Panoramaweg.

210 AM KANAL ENTLANG VON GENT NACH BRÜGGE

Diese 50 Kilometer lange Strecke ist eine
entspannte Tagestour und – da ohne nennenswerte Steigungen (maximal zehn Höhenmeter am Stück!) – besonders gut für Anfänger
geeignet. Von der Hauptstadt der Provinz
Ostflandern geht es nach Westflandern. Man
radelt hier durch eine liebliche Landschaft
mit idyllischen kleinen Dörfern, ruhigen
Flussauen, von Pappeln gesäumten Kanälen,
lichten Laubwäldern und saftigen Weiden. Der
Radweg verläuft fast durchgehend am Ufer
eines Kanals. Das Schöne: Am Ende hat man
noch genügend Zeit für einen Bummel durch

KANAL-IDYLL IN GENT (OBEN)
UND BRÜGGE (UNTEN)

Brügge, für viele die schönste Stadt Belgiens – bekannt für gutes Bier, Schokolade und leckere Pommes Frites, ganz zu schweigen von berühmten Museen und Sehenswürdigkeiten wie Burgplatz, Stadhuis, Heilig-Blut-Basilika und Rozenhoedkaai. Allerdings ist Brügge in der Hauptsaison touristisch überlaufen, besser also in der Nebensaison radeln!

2|| ELBERADWEG, DEUTSCHLAND

1300 Kilometer voller Überraschungen! So wirbt der Elberadweg. Für Leute mit wenig Zeit empfiehlt sich die Auswahl eines Abschnitts. Wer wirklich an der Quelle beginnen möchte: Die befindet sich im tschechischen Ort Spindlermühle. Ihr Anblick ist aber nicht gerade erhebend: Man sieht ein rundes Steinloch auf einem großen, gepflasterten Platz. Der Weg von dort führt über Dresden und Magdeburg nach Hamburg, wo die Elbe bekanntlich ins Meer mündet.

Wer das Alte Land, das größte Obstanbaugebiet Deutschlands, kennenlernen möchte, kann den Abschnitt von Hamburg nach Cuxhaven fahren, das sind 130 Kilometer. Eine geniale Mischung aus Natur und Kultur bietet der Abschnitt von Bad Schandau nach Meißen, rund 80 Kilometer. Hier beeindruckt die Felslandschaft der Sächsischen Schweiz, in Dresden begleiten die Elbauen den Fluss sogar mitten durch die Innenstadt. Danach geht es durch Weinberge. Diverse Anbieter liefern Fahrräder an einen bestimmten Ort und holen sie am Ziel wieder ab. Wer mit dem eigenen Rad und der Bahn anreist, spart allerdings Geld.

www.elberadweg.de

X

212 TOSKANA-RADWEG

Die Toskana ist bekanntlich recht hügelig. Wer also keine ausgeprägte Radfahrer-Kondition besitzt und/oder keine Schaltung mit 21 Gängen hat, sollte überlegen, die Tour mit dem E-Bike zu machen. Auf jeden Fall sollten die Tagesabschnitte nicht zu lang geplant werden, denn es locken fast überall herrliche Ausblicke sowie gute bis sehr gute Trattorien am Wegesrand. Eine wunderbare Drei-Tagestour ist die Strecke von Lucca nach Siena. In Lucca bietet sich eine Rundtour mit dem Rad auf (!) der fast vollständig erhaltenen Stadtmauer an. Von hier geht es weiter zum See Massacciuccoli, dem See von Giacomo Puccini, und von dort in die Arno-Stadt Pisa. Jetzt kommen die pisanischen Hügel, an deren Hängen Weinreben, Olivenbäume und Pfirsichbäume stehen. Und immer wieder romantische kleine Dörfer mit Bruchstein-Häusern. Fotomotive für Instagrammer auf Schritt und Tritt. Entlang des Arno geht's weiter nach San Gimignano, mit seinen Geschlechtertürmen das „Manhattan der Toskana". Im Mittelalter besaß hier jede adlige Familie einen eigenen Turm. In Monteriggioni mit seiner Stadtmauer und 14 Türmen fühlt man sich in diese Epoche zurückversetzt – einen Espresso gibt's aber auch hier – dann geht's weiter zum Zielort Siena. Das Radroutennetz der Toskana ist rund 1000 Kilometer lang und ist mit Holzschildern markiert, auf denen auch die Schwierigkeitsgrade der Routen angegeben sind.

213 RADWEG DÄNISCHE SÜDSEE, DÄNEMARK

Der Lillebaelt, wie der Kleine Belt auf Dänisch genannt wird, ist die Meerenge zwischen der Halbinsel Jütland und der Insel Fünen in der Ostsee. Radfahren wird hier zu einem besonderen Naturerlebnis. Start ist in Flensburg, Ziel ist die südjütländische Seefahrerstadt

DIE PARKEISENBAHN IST EIN ERLEBNIS.

Åbenrå. In Christiansfeld durchradelt man die gut erhaltene Siedlung der Herrnhuter Brüdergemeinde, die Weltkulturerbe-Status besitzt. Der Weg nach Middelfart führt durch Dänemarks größten Naturpark, der sich allerdings zu großen Teilen im Wasser befindet. Weil die Ostsee hier ungewöhnlich tief ist, tummeln sich viele Schweinswale in diesem Abschnitt. Die Insel Fünen wird wegen des Schriftstellers Hans Christian Andersen, der in Fünens Hauptort Odense zur Welt kam, „Märcheninsel" genannt. Hier finden sich prachtvolle Schlösser, verwinkelte Mittelalter-Gassen und mit Rosen umrankte Fachwerk-Häuschen. Abstecher auf die Mini-Inseln Æro, Drejô und Skarô kann man von Fåborg und Svendborg aus unternehmen.

214 PARKEISENBAHN BERLIN

Eine echte Eisenbahn, die von Kindern betrieben wird – wo gibt es denn so was? Das besondere an dieser Tour ist, dass hier die Kids Eisenbahner sind. Speziell für Familien ein Erlebnis. Und nebenbei lernt die junge Generation die Nutzung des nachhaltigen Verkehrsmittels Bahn. Entstanden ist die Pioniereisenbahn am 10. Juni 1956, dem Tag des Deutschen Eisenbahners. Mit ihr sollten junge Pioniere (das war die sozialistische Massenorganisation für Kinder in der Deutschen Demokratischen Republik) zu Eisenbahnern ausgebildet werden. Für sie wurde eine Schmalspurbahn mit einer Länge von 7,5 Kilometern gebaut. Sie ist heute im Kursbuch der Deutschen Bahn unter der Nummer 12299 eingetragen. An der Strecke liegen fünf Bahnhöfe. Die Strecke führt in einem Rundkurs durch die Wuhlheide, vorbei

am ehemaligen Pionierpalast Ernst Thälmann, an der Freilichtbühne und am Badesee. Die Parkeisenbahn verfügt über mehrere Dieselloks und Dampfloks. Die Dampfloks werden allerdings nur an den „Dampftagen" eingesetzt.

www.parkeisenbahn.de

215 NATUREISBAHN WEISSENSEE, ÖSTERREICH

Ein Rekord: Die Eisbahn auf dem Weißensee in Kärnten ist die größte Natureisbahn Europas. Auf einer Fläche von 6,4 Quadratkilometern – das ist eine ganze Menge! – kann man hier nach Herzenslust auf Kufen seine Runden drehen. Dafür, dass das bis zu 40 Zentimeter dicke Natureis möglichst lange befahrbar bleibt, sorgt seit rund einem halben Jahrhundert Norbert Jank. Er betreut im Auftrag der Gemeinde jeden Winter das Eis. Ihm ist es auch zu verdanken, dass alljährlich rund 5000 Niederländer hierher zum Eislaufen kommen – zu Hause auf den Grachten gibt's für sie nur noch selten tragfähiges Eis. Den See hat Jank schon im Jahr 1968 entdeckt. Schnee ist übrigens nicht gut für die Eisdecke.
Leider ist die Eislaufsaison durch die globale Erwärmung in den letzten Jahren auch in Kärnten kürzer geworden. Wenn das Eis

zu dünn wird, kann die Piste nicht mehr mit Maschinen präpariert werden. Infos dazu gibt's auf der Website.

www.natureislauf.at

216 NATUREISLAUFPLATZ LUNZER SEE, ÖSTERREICH

Der kleine Ort Lunz am See liegt auf 600 Metern Höhe, nicht weit entfernt vom Lunzer See. Diese Region ist bekannt für ihre Tiefsttemperaturen in den Wintermonaten: Hier wurden schon minus 47,1 Grad gemessen! „Warm anzie-hen" lautet dann die Devise. Wenn die Oberfläche des Sees gefroren ist, liegt hier die größte Natureislauffläche Niederösterreichs. Und während man seine Runden auf dem Eis dreht, hat man zugleich tiefe Einblicke: Durch die gläsern erscheinende Eisdecke reicht der Blick bis an den Grund des Sees, wo sich Bachforellen, Seesaiblinge und Flussbarsche tummeln.

www.mostviertel.at/alle-ausflugsziele/a-eislaufen-am-lunzer-see

217 NATUREISBAHN SAAS-FEE, SCHWEIZ

Die kleine, aber feine Natureisbahn Saas-Fee liegt am Dorfrand und ist gut zu erreichen. Ob Eislaufen, Curling oder Eisstockschießen – von Mitte Dezember bis Ende Februar ist hier ein eisiges Vergnügen garantiert. In der Nähe gibt es auch eine Eiskletterwand. Von den rund 400 Anlagen für Eissport in der Schweiz ist dies eine der wenigen, die mit Natureis funktioniert. Alljährlich im November, wenn die Sonne die Fläche kaum mehr bescheint, wird sie auf mehreren nebeneinanderliegenden Sportanlagen angelegt, die dazu unter Wasser gesetzt werden – insgesamt 4500 Quadratmeter!

218 NATUREISBAHN LULEA, SCHWEDEN

Die Natureisbahn im nordschwedischen Lulea gibt es seit 2002. Sie ist seitdem beständig größer geworden, mittlerweile sind im Winter 12 Kilometer Strecke präpariert. Die Eisbahn führt vom Nordhafen (Norra Hamn) um den Gültzauudden zum Südhafen (Södra Hamn) und weiter nach Grasjälören. Im Winter ist sie der Mittelpunkt des Ortes – sei es für sportliche Aktivitäten oder Entspannung. Man sieht sogar Eltern ihre Kinderwagen über das Eis schieben! Wenn es Tauwetter gibt, bekommt die Oberfläche Beulen – dann wird das Schlittschuhlaufen schwierig. Schneefall ist ebenfalls problematisch für die Eisläufer. Dann muss der Eismann Jan Blomqvist ran, der mit seinem Team das Eis frei macht. Auf dem Eis werden Sitzbänke für die Eispause und Grillecken eingerichtet. Schlittschuhe kann man sich am Zugang am Südhafen mieten, ebenso wie „Sparks". So heißen die schwedischen Tretschlitten.

https://polarkreisportal.de/eiszeit-in-lulea

219 PFERDESCHLITTEN ZAKOPANE, POLEN

Zakopane ist Polens Wintersportort Nummer eins. Am Rand des Nationalparks Hohe Tatra beeindruckt die höchstgelegene Stadt Polens mit Holzhäusern im nach ihr benannten Zakopane-Stil. Viele Gäste kommen zum Skifahren her, man kann hier aber auch einfach nur den Winter genießen. Wer beispielsweise die Winterlandschaft rund um Zakopane erkunden will, kann dies in einem Pferdeschlitten tun. Diese Gefährte haben hier eine lange Tradition. Weil die Fahrten windig sein können, sollten man sich mit Mütze, Schal und langer Unterwäsche gut einpacken. Generell ist die Region rund um Zakopane sehr schneereich, die Berge erreichen hier bis 2000 Meter Höhe. Übernachten kann man preiswert in urigen Pensionen in alten Holzhäusern. Abends empfiehlt sich eine Mahlzeit im Wirtshaus Karczma Po Zboju auf der Krupówki-Straße, der

Hauptstraße von Zakopane. Dort treten fast jeden Abend Folklore-Gruppen der Region mit Geigenmusik auf.

220 AROSA PFERDESCHLITTEN, SCHWEIZ

Eine echte Augenweide sind die Pferdeschlitten von Arosa in Graubünden, die von mit weißen Ohrenschützern geschmückten Rössern gezogen werden. Auch die Kutscherin ist nostalgisch gekleidet, mit schwarzem Anzug und Zylinder. Wenn dann noch die Hufe klackern und die Glöckchen des Pferdegeschirrs bimmeln, ist die Nostalgie perfekt. Pro Stunde sollten man zwischen 120 CHF und 150 CHF kalkulieren. Im Prättigau gibt es eine Variante der Pferdeschlittenfahrt: Sie nennt sich Schleipfen. Dabei zieht das Pferd einen Baumstamm, der mit Kufen ausgestattet

ist. Früher wurde auf diese Weise Holz zu Tal gebracht, heute vergnügen sich die rittlings auf dem Stamm sitzenden Touristen bei dieser „Schlepplift-Fahrt". Als krönender Abschluss empfehlen sich Raclette, Käsefondue und/oder Gerstensuppe.

221 RODELBAHN DAVOS KLOSTERS, SCHWEIZ

Wer das Mekka des internationalen Schlittensports sucht, kommt an Davos nicht vorbei. Schon 1883 wurde hier das erste offizielle „Schlittelrennen" veranstaltet. Und das Schlitten-Holzmodell, das jeder kennt, ist ein Davoser Original. Das Typische an diesem Schlitten ist, dass die Kufen mit Eisen beschlagen sind und mittels Holzkonstruktion eine Einheit mit der Sitzfläche bilden. Die vorderen Enden sind mit einer Querverstrebung, dem sogenannten Zugeisen, außerordentlich stabil arretiert. Damit gehört der Davoser Schlitten zu den stabilsten – und gleichzeitig nachhaltigsten – auf dem Markt.
Die Auswahl an Schlittenbahnen in Davos Klosters ist groß, es gibt nicht weniger als 12. Die 3,5 Kilometer lange Schlittenbahn am Rinerhorn hat 33 Kurven sowie einzigartige Steilkurven und ist eher für Fortgeschrittene geeignet. Ausdauer benötigt man für die Schlittenbahn auf Madrisa, die über 8,5 Kilometer hinunter nach Saas führt. Schlitten kann man an der Bergstation der Seilbahn mieten, Abgabe ist im Sportgeschäft Dörfji-Sport unten im Tal. Neuerdings gibt es auch Freeride-Alpin-Schlitten, mit denen Fahrten durch den Tiefschnee möglich sind.

222 RODELN STUBAITAL, ÖSTERREICH

Wer in Österreich rodeln will, findet im Stubaital ein wahres Rodlerparadies. Die Rodelbahnen dort haben eine Gesamtlänge von 43 Kilometern, werden ständig auf Sicherheit hin geprüft und sind mit dem Naturrodelbahn-Gütesiegel ausgezeichnet. Wer keinen eigenen Schlitten mitbringt, kann sich einen ausleihen. Großartig ist die Rodelbahn Pinnistal, Tirols längste Naturrodelbahn. Sie führt von der Bergstation auf 1820 Metern über 6 Kilometer hinunter nach Neder auf 1000 Metern Höhe. Wirklich nachhaltig ist Rodeln natürlich nur, wenn man seinen Schlitten auch den Berg hinaufzieht. Der Aufstieg zu Fuß dauert 2,5 Stunden. Vor allem, wenn man mit kleinen Kindern unterwegs ist, kann das natürlich zu anstrengend sein – dann nimmt man die Elfer-Gondelbahn. Noch ein Tipp: Bei guter Schneelage wird die Familienrodelbahn freitagabends mit Orientierungs-Laternen illuminiert – viel schöner als die übliche elektrische Beleuchtung.

223 HUSKY-TOUREN, SCHWEDEN

Bei den Hundeschlitten-Touren am nördlichen Polarkreis gibt es zwei Möglichkeiten: Bei der kurzen Tour sitzt man auf einem Schlitten, der von einem erfahrenen Musher gelenkt wird.

AUF DEM HUSKY-SCHLITTEN EINTAUCHEN IN EINE ANDERE WELT

Auf der längeren Tour ist man selbst Hundeschlittenführer. Die Hunde sind dabei nicht nur willige Zugtiere: Auf der Tour lernt man den Charakter eines jeden Hundes kennen. Und erfährt nebenbei vom Führer einiges über das Leben in Lappland. Dann wäre da noch die Sami Experience Tour, die einen tieferen Einblick in die relativ unbekannte Kultur der Samen erlaubt. Dabei verbringt man einige Stunden bei Anna und Erik auf ihrem Camp und erhält eine traditionelle Mahlzeit im *lávvu*, dem traditionellen Zelt der Samen. Das Essen wird über offenem Feuer zubereitet und enthält oft Fisch, Elchfleisch oder Rentierfleisch. Dazu erklingt *joik*, die traditionelle Musik der Samen.

www.jokkmokkguiderna.com

224 OFELAS ISLANDSHÄSTAR, SCHWEDEN

Mit Islandpferden geht es von der Farm in der Nähe von Kiruna durch einen jahrhundertealten Wald den Bergen entgegen. Bei gutem Wetter kann man hier das Nordlicht sehen. Und natürlich jede Menge Elche. Den Abschluss der Tour bildet das Feuer in der *goahti*, der Hütte der Samen. Die Tour ist zertifiziert mit dem schwedischen Label für Ökotourismus. *Ofelas* bietet auch eine ebenso zertifizierte Hundeschlitten- und eine Rentierschlittentour an. Ein Eishotel kann besichtigt werden.

www.ofelas.se

-X

225 SCHNEESCHUHWAN-DERN, FINNLAND

Zu Fuß durch die unberührte Schneeland-schaft Finnlands stapfen – dazu braucht man Schneeschuhe. *Sisu Outdoor* im finnischen Äkäslompolo verleiht diese für 20 Euro pro Tag, inklusive Stöcke. Wer lieber mit einem Guide durch den Schnee und die Taiga läuft, kann ihn gleich mit buchen. Nebenbei lernt man auch einiges über die Umwelt in dieser Region. Für Touren abseits der Pisten gibt es spezielle Back Country Ski, mit denen sowohl Aufstiege als auch das Drehen leichter fallen.
Äkäslompolo liegt im finnischen Teil Lapplands, rund 1000 Kilometer nördlich von Helsinki und hat kaum 400 Einwohner. Man kann in einfa-chen Hotels (kleine Holzhäuser) schlafen.

www.sisuoutdoor.com

226 SKILANGLAUF IM PILLER-SEETAL, ÖSTERREICH

In den Alpen hat der Skilangläufer eine riesige Auswahl an Loipen. Viele Regionen reklamieren für sich, die besten zu sein. Das Pillerseetal kommt in jenen Listen nicht häufig vor, viel-leicht, weil es etwas abgelegen liegt. Rund um den Ferienort Sankt Jakob in Haus gibt es rund 100 Kilometer Loipen. Im Unterschied zu den Abfahrtskipisten, die oft künstlich beschneit werden, werden Loipen nur auf Naturschnee gespurt. In dieser Hinsicht ist das Pillerseetal im Vorteil, denn es gilt als die schneereichste Region in Tirol. Kleiner Nachteil: Das Befahren der Loipen im Pillerseetal ist nicht kostenlos. Pro Tag wird eine Gebühr von sechs Euro erho-ben, eine Wochenkarte kostet 23 Euro. Falls es trotz allem einmal knapp mit dem Schnee wird: Auf der Seite *www.kitzbueheler-alpen.com* findet sich täglich ein Bericht über gespurte und gesperrte Loipen. Und für alle, die eine Prise Spannung in ihren Sport bringen möch-ten, veranstaltet man am Pillersee wöchent-lich einen Gästebiathlon. Besonders viel Kraft und Ausdauer erfordert die fünf Kilometer lange FIS-Rennstrecke am Geiselbühel, bei der 130 Höhenmeter zu überwinden sind.

www.pillerseetal.at

227 LANGLAUF IM RIESEN-GEBIRGE, TSCHECHIEN

Die böhmischen und mährischen Berge sind bei Wintersportlern in Deutschland noch nicht sehr bekannt. Für Langläufer ist diese Region jedoch fulminant! Zuerst wäre das Riesenge-birge zu nennen. Hier gibt es eine 90 Kilome-ter lange Magistrale, die durch das gesamte Gebirge führt. Von ihr zweigen Dutzende Loipen ab, die weitere 550 Loipenkilometer ergeben. Die Magistrale ist rot, Rennstrecken sind blau markiert. Das schneereichste Gebiet ist die Region Spindlermühle. Für Anfänger gibt es hier eine acht Kilometer lange Loipe entlang der Elbe, die von der Talstation des Sesselliftes Medvedin nahe Spindlermühle ausgeht. Wer es anspruchsvoller mag, sollte die Altvater-Magistrale probieren. Sie ist entlang des Gebirgskammes gespurt, tolle Ausblicke in die Täler sind garantiert. Diese Magistrale ist 58 Kilometer lang, man kann sie im Ort Ram-zovo sedlo beginnen. Unterwegs laden einige Berghütten zur Rast ein.

OBEN: GRÖBTES FAHRRADPARKHAUS DER WELT IN UTRECHT; UNTEN LINKS: LEIH-FAHRRÄDER IN ANTWERPEN; RECHTS: FAHRRADSTADT KOPENHAGEN

Uitgang
Smakkelaarsveld

Die 5 besten Städte für Radfahrer

228 UTRECHT

Das Zentrum von Utrecht (350 000 Einwohner) ist weitgehend autofrei. Wer hier schnell was zu erledigen hat, nimmt das Fahrrad – und freut sich über die neue „Grüne Welle" für Radfahrer, „Fietsflo" wird sie von Einheimischen genannt. Sie ist radarbasiert und zeigt schon 200 m vor der Ampel, mit welcher Geschwindigkeit man bei Grün hinüberkommt. Entsprechend groß ist die Anzahl der Radler in Utrecht: 60% der Wege in der Stadt werden per Rad zurückgelegt! Zum Vergleich: In Berlin sind es nur 13%. Das kommt nicht von ungefähr – die Investitionen Utrechts in den Radverkehr sind immens: Rund 50 Euro werden hier pro Kopf und Jahr in die Fahrradinfrastruktur investiert. Und wohin mit all den Fahrrädern? 2019 hat in Utrecht das größte Fahrradparkhaus der Welt mit 12 500 Stellplätzen eröffnet. Im VVV-Verkehrsbüro am Domplein erhält man Fahrradkarten mit den schönsten Fahrradrouten. Da gibt es die 30 km lange „Wasserwerke Route", die 39 km lange „Go east, drink wine"-Route entlang der Weinberge, Schlösser und Gemüsegärten oder speziell für Kinder die „Go east, have fun"-Tour – auch sie immerhin 39 km lang. Design-Fans wird die kürzere Stadttour „De Stijl in Utrecht" erfreuen, Geschichtsinteressierte die „Go east, go to the great outdoors"-Route, die auf 58 Kilometern historischen Spuren folgt. Noch nicht genug? Dann noch etwas für Naturfreunde: Für sie hat man die 60 km lange Tour „Go east, go green" und die 40 km lange „Go east, go military"-Strecke, die entlang der Dünen und über die Landebahnen zum Nationalen Militärmuseum führt, ausgewiesen.

229 MÜNSTER

Die Zahlen sprechen für sich: Von 1,05 Millionen Fahrten pro Tag in der Studentenstadt Münster (280 000 Einwohner) entfallen 35 bis 40 % auf das Rad! Ein Teil der Fahrradbegeisterung der Münsteraner rührt allerdings daher, dass die gesamte Innenstadt für Autos gesperrt ist oder aus Einbahnstraßen besteht. Zudem ist es hier schwierig, einen Parkplatz zu finden. Dafür werden Radler gepampert: Vor großen Kreuzungen gibt es in der Stadt eigene Fahrstreifen für Radler, außerdem dürfen Radler auf einer Fahrradschleuse direkt vor die Ampel fahren. Elf Straßen sind mittlerweile als reine Fahrradstraßen ausgewiesen. Eine schöne Rundfahrt um die Altstadt kann man auf der Promenade unternehmen, die rund 4,5 km lang ist. In Münster steht zudem am Hauptbahnhof das größte Fahrradparkhaus Deutschlands. Es hat eine Kapazität von 3300 Stellplätzen, die oft belegt sind. Der ADFC bemängelte zwar die immer noch nicht zeitgemäße Fahrradinfrastruktur der Stadt, trotzdem ist das Fahrrad hier das Verkehrsmittel Nr. 1.

www.fahrradstadt.ms

230 ANTWERPEN

Antwerpen (527 000 Einwohner) hat ein vorbildliches Ausleihsystem für Fahrräder, www.velo-antwerpen.be, das den öffentlichen Nahverkehr bestens ergänzt. Dabei ist – wie auch bei Citybikes vieler anderer Städte üblich – die erste halbe Stunde jeder Fahrt in den Anmeldekosten enthalten. Allerdings hat Antwerpen auch seine Tücken für Radler: Da wären der Hafen mit seinem Kopfsteinpflaster und starken Windböen, der Sand und Staub von Spoor Oost, der verkehrsreiche Bahnhofsbereich. Wer lieber auf Nummer sicher gehen will, holt sich die kostenlose Radkarte „Urban Jungle", die

gibt es hier aber jede Menge Gründe für die Kopenhagener, selbst bei schlechtem Wetter aufs Rad zu steigen. Punkt eins ist natürlich die Schnelligkeit, um von einem Ort zum anderen zu gelangen. Dafür sorgen die grüne Welle für Radler, die auf vielen Radwegen geschaltet ist – und jene Ampeln, die für Radfahrer ein paar Sekunden früher auf Grün schalten als für Autos. Sinnvoll sind auch die Haltelinien an Kreuzungen, die für die Radfahrer vor den Autos liegen, damit diese nicht die Auspuffgase einatmen müssen und zudem für Autofahrer besser sichtbar sind. Zu den Maßnahmen, die mittlerweile von anderen Städten kopiert werden, gehört auch der Extraring für Radfahrer im Kreisverkehr.

eine „Easy-going-Route" durch den Großstadtdschungel aufzeigt. Schöne Panoramen, Grünflächen und prächtige Architektur liegen am Wegesrand. Selbstverständlich sind auch gute Restaurants und Imbisse eingezeichnet. Die Karte gibt es in den Besucherzentren von VisitAntwerpen oder zum Downloaden unter

www.visitantwerpen.be.

231 KOPENHAGEN

In den Medien wurde Kopenhagen über Jahre als Superstadt für Radfahrer gehypt. Wer dann tatsächlich auf den Radwegen der Stadt unterwegs ist, könnte durchaus etwas enttäuscht sein: Auch in Kopenhagen ist ein Radweg nur ein Radweg. Da die meisten von ihnen schon vor vielen Jahren angelegt und von Millionen von Radlern benutzt wurden, sind die Markierungen eben nicht mehr taufrisch. Ansonsten

232 WINTERTHUR

Dass das schweizerische Winterthur eine radfahrfreundliche Stadt ist, mag auf den ersten Blick erstaunen. Der Schweizer Radfahrverband „Pro Velo" kürte Winterthur mit seinen 110 000 Einwohnern aber zur radfahrerfreundlichsten Großstadt der Schweiz. Weil man in nur zehn Minuten Fahrt aus der Stadt hinaus schon malerische Dörfer und grüne Hügel erkunden kann, empfiehlt sich wegen der starken Steigungen jedoch ein E-Bike. Generell hat der „Veloverkehr", wie sich der Radverkehr in der Schweiz nennt, starken Aufholbedarf. Laut Europäischem Radfahrerverband wird in der Schweiz ungefähr so viel Fahrrad gefahren wie in der Tschechischen Republik, Litauen, Polen oder Rumänien. Doch entsprechende Förderprogramme für neue Velorouten in den Städten sind schon angelaufen ...

NACHHALTIG
ENTSPANNEN

... KANN MAN BESONDERS GUT IN VERBINDUNG MIT WASSER – HEISS ODER KALT –, IN PRÄCHTIGEN GEMÄUERN, IN EINER URALTEN HÖHLE ODER MITTEN IN DER NATUR.

THERMALBÄDER IN NATURHÖHLEN,
dazu ein MODERNES SPA: TAPOLCA

233 HÖHLENBAD TAPOLCA, NAHE KESZTHELY

Höhlen gibt es an vielen Urlaubsorten in Ungarn. Doch eine Höhle mit Bad ist eher selten zu finden. In Barlangfürdő kann man durch das durch Karstwasser gebildete Höhlensystem schwimmen. Beleuchtet ist das Ganze eher schummrig, was zur grottig-gemütlichen Atmosphäre beiträgt. Die Thermalquellen haben hier eine Temperatur von 29 Grad Celsius, einige erreichen sogar 36 Grad Celsius. Da ständig frisches Warmwasser nachströmt, herrscht fast eine relative Luftfeuchtigkeit von 100 Prozent – in den Tropen ist sie nicht höher!
Das Höhlenbad hat eine lange Tradition. Schon im 17. Jahrhundert nutzten Mönche das wohlige Nass. 1934 wurde Tapolca zum Badekurort ernannt. Die Becken in den Höhlen sind mit Kacheln ausgekleidet, sodass die hygienischen Verhältnisse stimmen. Patienten suchen das Bad auf, um Rheuma und Arthritis zu kurieren.

Im Spa-Bereich gibt es medizinische Massagen, Schlammpackungen, Fisch Spa und mehr. Dass die Hotel-Dichte in der Umgebung des Höhlenbades hoch ist, verwundert nicht.

www.barlangfurdo.hu

234 POZZA DI LEONARDO IN BORMIO, ITALIEN

Baden wie die Römer? Seit dem 1. Jahrhundert v. Chr. werden die auf 1225 Metern Höhe gelegenen Thermalquellen von Bormio dazu genutzt, ein heißes Bad zu nehmen. Sie sind in der Nähe der Schweizer Grenze an der Flussmündung des Adda gelegen, wo ein natürliches Steinbecken wie ein kleiner Pool das warme Wasser auffängt. Während die eigentlichen Thermen von Bormio kostenpflichtig sind, ist dieses Naturbecken frei zugänglich – und den unglaublichen Panoramablick gibt es oben-

drauf. Auch im Winter ist das Baden hier ein Vergnügen, denn das Wasser hat zwischen 37 und 43 Grad Celsius. Den Quellen werden übrigens entgiftende, regenerierende, entspannende und entzündungshemmende Eigenschaften zugesprochen. Der mikroskopisch fein im Wasser aufgelöste Schlamm sorgt zusätzlich für einen Peeling-Effekt. Erreichbar ist das Naturbecken unweit der Bagni Nuovi über einen kurzen Fußweg.

235 BAGNI SAN FILIPPO, BEI SIENA

Rund 50 Kilometer südlich von Siena am Fuß des Vulkankegels Monte Amiata, dem heiligen Berg der Toskana, befindet sich das kleine Thermalbad Bagni San Filippo. Es gilt als das älteste natürliche und von Menschen genutzte Heilbad der Welt. Es wird direkt aus einer heißen Quelle gespeist. Schon von Weitem ist der schweflige Geruch der Heilquelle zu bemerken, sie sprudelt mit Temperaturen zwischen 25 und 52 Grad Celsius. Von Mai bis November kann man hier (Eintritt: 10 Euro) in rund 38 Grad Celsius warmem Wasser baden. Für Warmduscher: Die Felsendusche hat 52 Grad Celsius. Schwimmen sollte man hier nicht, es reicht, sich im warmen Wasser treiben zu lassen und die Wärme auf Gelenke und Knochen wirken zu lassen. Das milchig trübe Wasser ist nicht nur herrlich warm, sondern enthält auch viele wertvolle Mineralien wie Schwefel, Sulfat, Kalziumcarbonat und Magnesium, die sich heilsam auf Knochen, Gelenke, Haut, Nasennebenhöhlen, Bronchien und Lungen auswirken. Der feine weiße Mineralschlick, der sich auf dem Boden absetzt, wird als natürlicher Fango für

Körperpackungen, Gesichtsmasken oder für Peelings verwendet. Er reinigt die Haut, macht sie samtweich und zart. Die warmen Dämpfe werden für Inhalationen und Aerosoltherapien genutzt. Entlang des Baches und durch den Wald führt zudem ein schöner Spazierweg. Wo auch immer das mineralienreiche Wasser der Quelle aus dem Felsen ausgetreten ist, haben sich im Lauf der Zeit grandiose weiße und ockerfarbene Kalksinterablagerungen gebildet.

236 TERMALE DEL GARDA, GARDASEE

Der 13 Hektar große *Parco Termale del Garda* ist ein natürlicher Wellness-Garten mit seltener Vegetation und beeindruckenden, uralten Bäumen. Hier, ganz in der Nähe des Gardasees, befinden sich Badeseen und Pools, die mit reinem Thermalwasser gespeist werden. Das Wasser kommt aus tiefen Erdschichten, rund 160 Meter unter der Erde. Gerade in Frühjahr und Herbst, wenn es draußen schon kühl ist, wärmt das Warmwasserbad im Badesee bei wohligen 33 Grad Celsius. In den Badebecken steigt das Thermometer sogar auf 38 Grad Celsius. Das Heilwasser hat ein amtliches Siegel und ist offiziell für die Balneotherapie zugelassen. Der kleine See ist etwas kühler, hier kann auch etwas Aktivität nicht schaden. Die Temperatur seines Wassers liegt bei 29 Grad Celsius. Glanzpunkt des Thermalparks ist die luxuriöse Villa dei Cedri aus dem 18. Jahrhundert mit piekfeinen Zimmern. Highlight: Alle Zimmer sind mit Badewannen ausgestattet, die mit Thermalwasser befüllt werden und über eine Sprudelanlage verfügen. Das aus zwei ver-

DIE KASKADEN DER
TERME DI SATURNIA

schiedenen Quellen stammende Mineralwasser
der Villa dei Cedri kann man auch trinken.
Das Wellness-Angebot des Thermalparks ist
leider nicht umsonst zu haben. 30 Euro kostet
der uneingeschränkte Zugang zu den Anlagen.
Auch zur Grotte mit Unterwassermassagen!

231 TERME DI SATURNIA, BEI GROSSETO

Das Wasser in den Schwefelthermen von
Saturnia hat eine Temperatur von 38 Grad
Celsius. Der Besuch ist gratis, allein ist man
aber nur in den frühen Morgenstunden. Im
Tagesverlauf herrscht meist ein ganz schöner
Trubel im warmen Wasser. Im oberen Teil der
Thermen ist die Wassertemperatur höher.
Durch starke Strömungen und Wirbel hat
man das Gefühl, eine Hydro-Körpermassage
zu empfangen. Wasserschuhe sind für empfindliche Naturen empfehlenswert, da auf dem
Grund der Becken so manches spitze Stein-
chen auf nackte Fußsohlen wartet. Manchmal
schwimmen kleine rote, wurmartige Tierchen
mit im Wasser herum – keine Sorge, sie sind

ungefährlich. Der Ort Saturnia liegt auf einem Travertinfelsen zwischen dem Fluss Albegna und dem Wildbach Stellata. Das Wasser sprudelt hier aus einer Tiefe von 200 Metern hervor. Es ist Regenwasser, das in die Senke des Vulkanes Monte Amiata gesickert ist. Die Hitze im Inneren des Gesteins heizt es auf Körpertemperatur auf. In diesem Prozess löst sich parallel Schwefel aus der Erde. Das hat den Effekt, dass 800 Liter Schwefelwasser pro Sekunde aus der Erde sprudeln. Der weiße Beckengrund besteht aus Kalkablagerungen. Diese bildeten sich in mehreren Ebenen, mit dem Ergebnis, dass sich die Schwefeltherme wasserfallartig über mehrere Stufen ergießt. Zusammen mit dem Schilf und einer alten Mühle bietet sich ein idyllisches Bild. In der Nähe gibt es eine Reihe von Agriturismi, in denen man nächtigen kann.

238 ARCTIC FOREST SPA METSÄKYLY, FINNLAND

Schon das Äußere des finnischen Saunahauses ist beeindruckend. Es ist erbaut aus sehr alten ganzen Fichtenstämmen. Drei verschiedene Saunen stehen zur Wahl: eine traditionelle, eine Räucher- und eine moderne Infrarot-Sauna. Auch ein Jacuzzi ist vorhanden, von dem aus man in den Sternenhimmel schauen kann. In der Sauna Lounge, einer gemütlichen Holzhütte, kann man nach dem Saunieren ein herzhaftes Mahl zu sich nehmen; nebenan flackert derweil das Holzfeuer im Kamin. Demnächst soll der Saunapark erweitert werden, nämlich durch eine schwimmende Sauna auf einem Floß, eine Baum-Sauna und eine Tipi-Sauna, die in eine finnische Grillhütte integriert wird, mit Wannen unter dem Boden und einer zentralen Feuerstelle. Nächtigen kann man hier auch, und zwar im Arctic Tree House Hotel, einer Mischung aus modernem skandinavischem Design und samischer Tradition, das als erstes Privathotel Lapplands mit dem Green Key Eco-Label ausgezeichnet wurde.

www.santaparkarcticworld.com

239 WALDKLAUSE LÄNGEN-FELD, ÖTZTAL

Schon von außen macht das aus Lerchenholz erbaute Naturhotel mit formvollendetem Design und geschwungenen Balkonen Eindruck. Als nachhaltiges Hotel wurde es in innovativer leimfreier Massivholzbauweise und mit Tiroler Schafwolldämmung errichtet. Zudem werden die Qualitätsstandards eines Niedrigenergiehauses erfüllt. Strom kommt aus erneuerbaren Energiequellen, erwärmt wird das Haus vom Längenfelder Biomassekraftwerk.

Die *Waldklause* ist ein Betrieb, der Verantwortung im Natur- und Klimaschutz übernimmt. In der Nähe des Hotels sind Vogelhäuser, Vogeltränken und Eichhörnchen-Futterstationen installiert. Das Natur-Spa wird auch anspruchsvolle Gäste zufriedenstellen: Die Anwendungen erfolgen mit Naturprodukten, teils aus der eigenen Kosmetiklinie, die unter anderem Apfel-, Vogelbeeren- und Kastanienextrakte enthalten. Es gibt eine Sauna, eine Baumsauna, einen Sole-Whirlpool, eine Tiroler Kräuter-Schwitzstube sowie Dampfbäder. Relaxen kann man anschließend auf den runden Dächern des Natur-Spa. Auch Yoga, Pilates und Waldbaden werden angeboten.

Das Naturhotel unterstützt die ökologische Anreise mit der Bahn durch kostenlosen Transfer vom Bahnhof Ötztal.

www.waldklause.at

240 LÜSNERHOF, BEI BRIXEN, SÜDTIROL

Für Wellness-Fans bietet der *Lüsnerhof* eine Menge. Da wären ein Indoor-Felsenbad, das ganz mit Naturstein ausgekleidet ist (Wassertemperatur 32 Grad Celsius) und ein Naturbadeteich im Alpingarten. Der chemiefreie Badeteich ist bestückt mit Wasserpflanzen, Schilf und Seerosen. Die Whirlpools innen und außen sind auf 36 Grad Celsius geheizt. In der Dolomitengrotte gibt es ein Soleschwebebecken. Zum Abkühlen nach der Sauna kann man hinaustreten in die Kneippanlage oder im vom Solepavillon überdachten Gargitterbachl floaten, Wasser treten und nachts in die Sterne schauen. Das Wasser im Lüsnerhof ist Quell-

wasser von der Lüsner Alm, es fließt aus allen Wasserhähnen im Hotel. Die Pools sind von 7 bis 24 Uhr geöffnet, sodass auch einer nächtlichen Plantscherei nichts im Wege steht.

www.luesnerhof.it

241 RUKAN SALONKI, KUUSAMO, FINNLAND

Kuusamo ist eine Stadt in einem sehr dünn besiedelten Gebiet im Nordosten Finnlands. Die Rukan Salonki Sauna liegt an einem bewaldeten Seeufer. Es gibt eine elektrisch beheizte Hightech-Rauchsauna, die aber auch eine echte Feuerstelle hat. Im Sommer lädt der See Salonkijärvi zum Baden ein, im Winter gehört eine ordentliche Portion Mut dazu. Es gibt aber auch ein Outdoor-Thermalbecken, der ganzjährig offen ist. Natur pur verspricht die Pyhäpiilo Eis-Sauna, die vom See gebildet wird. Wer nicht glaubt, dass man in einer Sauna, deren Wände aus purem Eis bestehen, schwitzen kann, wird hier eines Besseren belehrt. Danach geht's in das zünftige Restaurant im Blockhaus. Übernachten kann man in einem der Chalets mit Kaminfeuer und Glasdach – vom Bett aus blickt man in die Sterne.

www.rukansalonki.fi

242 ISOKANKÄISTEN KLUBI, KUUSAMO, FINNLAND

Katja und Sirpa sind die Frauen, die den „Club der großen Schuhnummer" leiten, wie diese finnische Sauna übersetzt heißt. Sie liegt in

EISBAD UND ENTSPANNUNG IM
ISOKANKÄISTEN KLUBI

der Region Kuusamo im Nordosten des Landes,
der für seine Naturschönheit bekannt ist. Die
Rauchsauna bildet die Krönung der berühmten
finnischen Saunakultur. Dabei wird der Sauna-
raum zunächst durch ein offenes Holzfeuer
erhitzt. Wenn es heiß genug ist, wird der ent-
standene Rauch zügig hinausgelüftet. Zwischen
den Saunagängen empfiehlt sich ein kühlendes
Bad im See – auch im Winter, wenn speziell
zu diesem Zweck ein Loch ins Eis gehauen
wird. In der Rauchsauna haben 15 Gäste Platz.
Nach traditioneller Art kann man sich in der
Sauna mit Birkenzweigen leicht „peitschen".
Weil Saunieren hungrig macht, gibt es danach
Saunawürstchen, Salate, Fisch- und Fleischpas-
tete. Und selbstverständlich ein Saunabier!

www.ikk.fi

MAS SALAGROS -
RUNDUM NACHHALTIG

man sich treiben lassen kann. *Mas Salagros* liegt im Naturreservat der Serralada Litoral und ist ein 100-prozentig nachhaltiger Betrieb. Das angeschlossene Hotel arbeitet gemäß den Nachhaltigkeitsstandards europäischer Richtlinien, wobei energetische Effizienz, Abfallmanagement und Bio-Baumaterial berücksichtigt wurden. Im Spa gibt es ökologische Pflegeprodukte, in der Küche werden heimische und saisonale Zutaten verwendet, zum Teil aus dem eigenen Garten. Und das alles nur 20 Minuten von Barcelona entfernt.

www.massalagros.com

244 BALNEARIO DE ALANGE, EXTREMADURA

Baden im Weltkulturerbe! Die römischen Thermen an diesem Ort sind die ältesten in ganz Spanien, über 2000 Jahre alt. Später wurden sie von den Arabern genutzt, und auch aus dieser Epoche finden sich noch Spuren. Die heutigen Thermen gehen auf das 19. Jahrhundert zurück, sie wurden damals mit Marmor ausgekleidet. Aus römischer Zeit stammen die beiden runden Becken, die mit Kuppeln überspannt sind. Das Wasser von Alange kommt aus sehr tiefen Bodenschichten und ist wegen des hohen Anteils von Sodiumbikarbonat, Magnesium und Calcium bei Nervenleiden heilsam. 1863 wurden die Thermen durch einen Garten erweitert, dazu kamen ein prächtiges, von Zypressen umstandenes Außenbecken und ein Thermengebäude. 2006 öffnete das Hotel Aqualange.

243 MAS SALAGROS, BEI BARCELONA

In Katalonien steht der Begriff „Mas" für ein freistehendes bäuerliches Anwesen. Das Eco-Resort hat ein bizarr gestaltetes Spa, bei dem die Becken in uralten Steingemäuern aus groben Felssteinen installiert sind. Auch die Türen und Fenster beließ man effektvoll für Instagrammer im historischen Zustand. Es gibt kalte, lauwarme und heiße Bäder (16 °C, 36 °C, 40 °C) sowie Dampfbäder, Massage-Wasserstrahlen und Salzbäder, in denen

www.balneariodealange.com

DER „SPIEGEL DER VENUS" AUF DER
VULKANINSEL PANTELLERIA

245 HAMMAM AL ÁNDALUS, GRANADA

Der Hammam in Granada stammt aus der arabischen Epoche der Stadt. Er war das erste der arabischen Bäder in Spanien, die 1998 nach rund 500 Jahren „Pause" zur Nutzung wiedereröffnet wurden. Der Hammam liegt am Fuße der Alhambra, in einer winzigen Gasse hinter der Kirche Santa Ana, einer ehemaligen Moschee. Mosaike mit geometrischen Mustern, Säulen, an denen Arabesken prangen und gelöcherte Gewölbedecken, die das Sonnenlicht perforieren, sorgen für ein höchst stimmungsvolles Ambiente, erhellt durch Kerzenlicht. Wer sich nur kostenlos umschauen möchte – der Eintritt in den Patio ist frei. Im Hammam gibt es Becken mit verschiedenen Temperaturen, ein türkisches Dampfbad, Massagen und natürlich Minztee. Dazu plätschert und tröpfelt irgendwo immer das Wasser, dieser Klang sorgt automatisch für eine entspannte Stimmung. Die Betreiber haben sich mit der Gestaltung des Inneren viel Mühe gegeben.

Nicht nur die alten Bäder und Kacheln wurden restauriert, auch passende Möbel verströmen das Flair einer längst vergangenen Epoche. In den Badebecken stehen antike Pfeiler, die die Gewölbe darüber tragen. Es lassen sich verschiedene Pakete für Spa, Massage und Anwendungen buchen, sogar eines mit einer orientalischen privaten Tanzshow! Kunstgeschichte, Wellness und Nachhaltigkeit fügen sich in diesem Hammam zu einem einzigartigen Erlebnis zusammen.

www.hammamgranada.com

246 SPECCHIO DI VENERE, PANTELLERIA

Rundum ganz viel Wasser: Genau zwischen Sizilien und Tunesien befindet sich die Vulkaninsel Pantelleria. Im Norden der Insel liegt der Specchio di Venere, der „Spiegel der Venus", ein See, der vor 16 000 Jahren entstanden ist. Er wird durch heiße Quellen gespeist,

IN DER HOIZWANNE:
Bad IN GERSTENSAFT

deren Temperaturen zwischen 34 Grad Celsius und 56 Grad Celsius liegen. Am Seeufer kann man sich in kleine, von Steinen umgebene Tümpel setzen und das warme Wasser genießen. Wenn man seine Haut mit dem vulkanischen Schlamm einreibt, wird sie samtiger. In der Nebensaison ist es hier sehr ruhig und man hat Muße, die je nach Tageszeit wechselnden Farben des Sees zu beobachten. In der Mitte der Insel locken außerdem die heißen Quellen von Gadir (Giorgio Armani hat ein Ferienhaus hier), deren Wasser Rheuma und Arthritis heilen soll; und die Benikulà Höhle, die durch

die heiße und feuchte Luft wie ein natürliches Dampfbad wirkt.

247 AIRE ANCIENT BATHS, BARCELONA

Wer schon einmal im Januar in Barcelona war, kennt die beklemmende Kälte, die durch alle Ritzen zieht. Und dies im wortwörtlichen Sinn, denn die Häuser sind meist sehr schlecht isoliert. Abhilfe bringt das Hammam. In der Nachbarschaft der Markthalle El Born restaurierten die Betreiber ein ehemaliges Orientalisches Bad, das zwischenzeitlich auch als Warenlager für den Markt gedient hatte. Auf den ersten Blick verwirrt die Vielzahl der Wasserbecken, die türkis beleuchtet sind und einen angenehmen Kontrast zu den rötlichen Ziegelsteinwänden bilden. Einige Elemente des alten Bades sind effektvoll in Szene gesetzt. Die Wasserkur hat System und wird vom Bademeister zu Anfang genau erklärt. Nach dem Duschen geht es zum Aufwärmen in das große Becken. Dann ist der Hammam an der Reihe, wo man sich mit einer Blechschüssel Wasser über den Kopf gießt und gleichzeitig die aromatisierte feuchtheiße Luft einatmet. Dann bittet die Masseurin zur Behandlung. Der Körper kann auf angewärmtem Marmor mit Aromaölen perfekt entspannen. Zum Abschluss warten Whirlpools sowie Temperaturbecken mit kaltem, warmem und heißem Wasser auf die Besucher. Genial ist ein Becken mit warmem, hochkonzentriertem Salzwasser, in dem man wie schwerelos schwebt.

www.airedebarcelona.com

248 LÁZNĚ PRAMEN, PRAG

Entspannen in echtem, hochwertigem Bier? Das gibt's nicht überall. Das Bad im Gerstensaft dauert 20 Minuten, helles oder dunkles Bier der Marke Kynšperský Zajíc steht zur Auswahl. Man badet bei 35 bis 38 Grad Celsius in einer ovalen Badewanne aus königlichem Eichenholz oder Lärchenholz, die nach handwerklicher Tradition ohne Verwendung von Dübeln, Klebstoffen und Lacken hergestellt wurde. Das Bierbad ist ein wahrer nachhaltiger Wunderbrun-

nen: Der Hopfen, der im Bier enthalten ist, hat aufgrund seines Gehaltes an ätherischen Ölen heilende Eigenschaften. Er wirkt beruhigend, entzündungshemmend und antibakteriell. Bierhefe mit B-Vitaminen sorgt dafür, dass die Haut ihre Feuchtigkeit behält. Die Spa-Leitung empfiehlt, während des Bierbades mindestens ein Glas helles oder dunkles Bier zu trinken, um die Wirkung des Bades zu verstärken. Das Bierbad hilft dabei, den Schlaf zu normalisieren, lindert Stress und Hautreizungen. Außerdem unterstützt es die Gewichtsreduktion und schützt vor Cellulite. Bei Männern stärkt es nach Angaben der Betreiber die Potenz. Während der Badezeit darf man das Bier unbegrenzt konsumieren. Danach ist Ruhe angesagt, vor dem Kamin auf dem Heuboden.

www.pivnispa.cz

249 KLEVEVŠKA TOPLICA, NAHE NOVO MESTO

Dieser Ort mitten in Slowenien ist eher für Naturburschen geeignet als für Spa-Prinzessinnen. In dieser Gegend gibt es einige Höhlen, Thermalquellen, Schluchten und wilde Bäche. Der Bach Radulja beginnt an der Quelle Klevevška Toplica. Im oberen Bereich gibt es einige Wasserfälle und Katarakte. Die Hypothermalquelle Klevevška Toplica mit Temperaturen von 21 bis 25 Grad Celsius ist zum Baden geeignet. Die flachen Becken in einer waldigen Parklandschaft sind sehr naturnah angelegt, in der Ferne sieht man die Burg Klevevž. Man kann sowohl im Sommer als auch im Winter hier kostenlos baden.

250 GELLÉRT SPA, BUDAPEST

Im *Gellért Spa* zu baden ist nicht nur ein vergnügliches Erlebnis, sondern auch ein ästhetisches. Erbaut wurde es 1912 im Stil des Art Nouveau mit Tausenden von handgearbeiteten Mosaikfliesen. Nach dem Zweiten Weltkrieg wurde es wieder aufgebaut. Die Nutzung von Heilwassern an dieser Stelle lässt sich bis ins 13. Jahrhundert belegen. Im 16. Jahrhundert, als die Ottomanen Ungarn besetzten, errichteten sie hier ein Türkisches Bad. 2008 fand eine umfangreiche Renovierung statt. Die Wassertemperatur hier liegt zwischen 35 und 40 Grad Celsius. Im Bad befinden sich ein Wellenbad, das aus dem Jahr 1927 stammt und immer

PRÄCHTIGER JUGENDSTIL
IM GELLÉRT-BAD

noch funktioniert, Saunas, Schwimmbecken und Massageräume. Der Name Gellért geht auf einen Bischof aus Italien zurück, der im 11. Jahrhundert der erste Bischof der Diözese Csanád war. Neben dem Gellért Spa ist auch das Spa von Szechenyi, ebenfalls in Budapest, sehr berühmt.

www.gellertspa.com

251 | ENERGY ECO SPA, VILJANDIMAA, ESTLAND

Das *Energy Eco Spa* liegt am Fluss Navesti im südlichen Estland und arbeitet mit örtlichen, biologisch angebauten Kräutern wie Pfefferminze, wildem Thymian und Löwenzahn. In Zusammenwirkung mit Schlamm, Torf und natürlichen Pflanzenölen kommen auch Salz und Honig in Packungen zur körperlichen Anwendung. An das Spa angeschlossen ist eine Öko-Farm, die sich Energy Farm nennt. Deren Kräuter werden nach der Ernte verpackt und an Apotheken verkauft. Das Teehaus im Garten kann von Gästen zur Entspannung genutzt werden. Hier gibt es auch Seminare, die über die Wirkung der Kräuter aufklären, dazu wird frischer Kräutertee gereicht. Alle Stühle und Tische im Teehaus sind aus Espenholz gemacht, das, so die Estländer, alle negative Energie aufsaugt. Die Energie-Sauna ist der richtige Ort, um die Wirkung von Kräuterextrakten über die Atemwege zu probieren. Sogar der Jacuzzi kann hier mit Kräutern bestückt werden – eine Wohltat, wie es sie nur an wenigen Orten der Welt gibt.

www.energiatalu.ee

252 SAUNAFLOSS, BERLIN

Auf der Havel schippern, saunieren, schwimmen und entspannen? Diese Kombination wird mit dem Saunafloß möglich. Beheizt wird die Saunatonne, die sechs Personen Platz bietet, mit einem Holzofen, also CO_2-neutral. Zudem wird die Wärme des Holzfeuers von den meis-

ten Saunafreunden als angenehmer empfunden als die elektrischer Saunaöfen. Das Floß hat auch eine Dusche, einen Vorraum zum Umkleiden und eine Natur-Toilette. Durch ein großes Panoramafenster hat man aus der Sauna einen schönen Blick auf das Wasser, vorbeiziehende Schwäne und Enten. Natürlich gibt es auch aromatische Aufgüsse – das Aufgießen bleibt einem selbst überlassen. Und wer nicht nur

SPAß IM SCHLICK!
GESUND IST ES AUCH.

X

vor Anker liegen will, kann mit dem Saunafloß auch auf der Havel entlangschippern – ganz ohne Führerschein. Es sei denn, der Fluss ist zugefroren.

www.saunafloss.info

253 WATTENMEER

Das Wattenmeer, das sich an den Küsten Deutschlands, der Niederlande und Dänemarks entlangzieht, ist das größte natürliche Schlamm-Spa der Welt, benutzbar nur bei Ebbe. Dann heißt es mit Eimer und Schaufel losziehen und Schlamm ernten. Der tonig weiche Blauschlick ist reich an Quarz, Kieselsäure und Tonerde-Gelen, daneben enthält er Feinsand, der wie ein Peeling wirkt. Auch Kalk, Salze, Mineralstoffe, Spurenelemente, Vitamine und organische Stoffe sind im Schlick enthalten. Schon seit Urzeiten wird diese Heilerde für Therapiezwecke verwendet. Zahlreiche Hersteller von Naturkosmetik arbeiten mit diesem Heilschlamm und verkaufen die Produkte für teures Geld. Warum also nicht selbst Hand anlegen, wenn man im Urlaub an der Nordsee ist? Der Schlick wirkt sogar bei Neurodermitis sehr heilsam. Schlick ist aber nicht gleich Schlick: Man sollte die Einheimischen fragen, wo man am besten gräbt, denn es gibt Stellen mit besonders sauberem Naturschlamm. Eine befindet sich in Neuharlingersiel. Im dortigen *BadeWerk* gibt es die Zeremonie „Schlickdampfer", bei der die Kunden sich den Heilschlamm selbst auf ihren Körper reiben, um danach als braune Brocken in die Sauna zu wandern und das Gesamtkunstwerk

zu trocknen. Nach diesem Natur-Peeling spült im Optimalfall ostfriesischer Regen die Masse wieder nachhaltig ab.

www.badewerk.de

254 SEAWEED BATHS, NEWCASTLE

Warum nicht die natürliche Kraft der Meeresalgen nutzen? Dieses spezielle Spa ist eines jener Naturbäder in Irland, das mit Seetang arbeitet. Baden im Seetang ist eine einfache, aber höchst wirkungsvolle natürliche Behandlung und begeistert hier schon seit mehr als 100 Jahren die Menschen. In viktorianischer Zeit waren Seetangbäder der letzte Schrei! Im Spa gibt es sechs Badezimmer, die jeweils Platz für ein Pärchen haben. Zur einstündigen Bade-Session kann man seine Lieblings-CD mitbringen. Und keine Sorge: Für jedes Bad wird frischer Seetang benutzt! Das Angebot der Anwendungen umfasst einige Massagen, Salzpackungen, Exfoliation, Gesichts- und Fußbehandlungen. Danach ist Zeit für einen irischen Tee mit Milch im hauseigenen *Tearoom*. Die Seetangprodukte kann man auch kaufen. Seetang wird nachhaltig geerntet und wächst immer wieder nach. Schon in alten Zeiten hatten Iren getrocknete Algen als Proviant in der Tasche. Vor einiger Zeit wurden die Algen auch von der Nahrungsindustrie entdeckt – wegen ihrer Inhaltsstoffe gelten sie als Superfood.

www.soakseaweed
baths.co.uk

255 TECHIRGHIOL SEE, BEI EFORI, RUMÄNIEN

Der Techirghiol See liegt eingebettet in eine karge Landschaft am Donaudelta in Rumänien. Der Legende nach ritt ein blinder alter Mann auf einem klapprigen Esel zufällig in den Schlamm dieses brackigen Sees. Der alte Mann zog und schob eine Stunde lang, aber der Esel kam nicht heraus. Plötzlich aber konnte der alte Mann wieder sehen, und der Esel trabte aus dem Schlamm heraus, sein Körper war so jung wie nie zuvor. Dass der heutige Besucher ein solches Wunder beim Schlammbad im Techirghiol See auch erlebt, ist fraglich. Schaden kann ein Bad im Vital-Schlamm aber nicht. Der Schlamm ist ein „saprophiler Faulschlamm", der durch Gärung und Zerfall der Seefauna unter Luftabschluss entsteht. Er ist reich an mineralischen und organischen Stoffen, Huminsäure, Östrogen und Enzymen mit aktivierender und regenerierender Wirkung auf das Gewebe. Außerdem enthält er Vitamine und biostimulatorische Stoffe. Der See und die Schlammtherapie sind übrigens Themen eines Kinofilms: „Das Wunder von Tekir" heißt er, produziert von der schweizerisch-rumänischen Regisseurin Ruxandra Zenide.

256 LIMMAT BADI, ZÜRICH

In Zürich ist das Baden in der Limmat schon seit 200 Jahren beliebt. Der Fluss führt quer durch die Altstadt und wird dort von hohen Mauern begrenzt. An verschiedenen Stellen gibt es Badeanstalten, sogenannte Badis. Die können in historischem Ambiente sein, modern oder naturnah. Abends gibt es sogar Kultur am Wasser zu erleben, wenn sich das Badi in eine Musikbühne verwandelt oder in ein Open-AirKino. Es gibt insgesamt fünf Badis: Badi Unterer Letten, Badi Oberer Letten, Seebad Enge, Badhaus für Frauenzimmer und Utoquai. Das Badhaus für Frauenzimmer ist, wie der Name schon sagt, Frauen vorbehalten. Zur abends öffnenden Barfuß-Bar mit dezenter Loungemusik haben aber auch Männer Zutritt. Das Frauenbadi ist zugleich das Schönste der Badis, die Architektur ist orientalisch angehaucht, mit verspielten Eckpavillons. Seit 1945 wird jährlich das über die Grenzen der Stadt hinaus bekannte Limmatschwimmen veranstaltet. In einem normalen Sommer erwärmt sich der Fluss auf über 20° Celsius, sodass ein Bad darin immer eine Erfrischung ist. Die Wasserqualität der vor wenigen Jahrzehnten noch stark verschmutzten Limmat ist heute übrigens hervorragend, man könnte das Wasser beim Schwimmen trinken. Da ihre Strömung an manchen Stellen recht stark ist, haben die

DAS „BADHAUS FÜR FRAUENZIMMER"

Badis abgeschirmte Bereiche. Praktisch ver-
anlagte Schwimmer, die ihre Kleider nicht am
Ufer liegen lassen oder vielleicht einfach nur
ans andere Ufer schwimmen möchten, haben
einen „Wickelfisch" dabei. So nennt sich der
wasserdichte Rucksack, der beim Schwimmen
umgeschnallt wird.

251 FLUSSBAD WÖRNITZ

Die Wörnitz, ein 132 Kilometer langer Nebenfluss der Donau, ist eher unbekannt. Sie gilt als
langsamster Zufluss der Donau und bietet so
beste Voraussetzungen für ein Flussbad. Am
Ortsrand von Wassertrüdingen, östlich von
Dinkelsbühl, wurde ein Bereich der Wörnitz
zum Schwimmen freigegeben. Die Lagune ist

in einen Badebereich und einen bewachsenen
Regenerationsbereich aufgeteilt. Pflanzen und
Mikroorganismen sorgen auf nachhaltige Art
und Weise dafür, dass das Flussbad sich selbst
reinigt. Zudem tragen Skimmer und Rinnen
zur Reinigung des Oberflächenwassers und
zur Sicherung hygienischer Verhältnisse bei.
Die Wasserqualität ist top, weil ständig Wasser
durchströmt und für eine Umwälzung sorgt.
Auf der Sonnenterrasse des roten Badehauses
kann man Köstlichkeiten aus Helgas Küche
genießen. In der Mitte des Flusses befindet sich
eine Sandbank, auf der auch Kinder stehen und
spielen können. Wer das Flussbad länger genießen will: Es gibt Stellplätze für Camper und
Wohnwagen auf dem Gelände auf der anderen
Seite des Flusses.

www.woernitz-flussbad.de

STRANDBAD GÄNSEHÄUFEL

258 STRANDBAD ALTER DONAUARM, WIEN

Längst sind die Zeiten vorbei, als das Baden in Flüssen eine eher subversive Aktivität war, die gegen die herrschenden Sitten verstieß. Das Wiener Strandbad an der Arbeiterstrandbadstraße 91 ist ein Bad mit Historie. Schon seit mehr als 100 Jahren gehen fesche Wienerinnen im Sommer an die Alte Donau, um dort im Sand zu liegen, der sich auf 150 Metern Uferlänge erstreckt. Wer nicht im Fluss baden will, dessen Wasserqualität meist bestens ist, kann dies im Sport-, im Mehrzweck und im Kinderbecken tun. Zum Strandbad gehört eine große Liegewiese mit Badminton-, Volleyball- und Fußballplatz, Tischtennisanlage und Restaurant. Der Eintritt kostet 5,90 Euro. Zudem gibt es das Städtische Strandbad Gänsehäufel im Bezirk Kaisermühlen. Es nutzt ebenfalls einen Altarm der Donau mit einem 1,2 Kilometer langen Strand. Gebadet werden kann meist von Mai bis September.

Flussbäder sind im Vergleich zu normalen Freibädern äußerst nachhaltig im Betrieb: Es gibt keine Chloranlage, keine Beckenreinigung, keinen Algenbewuchs, und die laufenden Kosten sind sehr niedrig.

259 SALINE LUISENHALL, GÖTTINGEN

Luisenhall ist Europas einzige noch existierende Pfannensaline. Hier wird Salz wie vor 150 Jahren produziert. Die Saline ist nicht nur Industriedenkmal, sondern auch regulärer Gewerbebetrieb. Die Produktion ist minimal: Im Verlauf eines Jahre produziert die Saline gerade mal so viel Salz wie die Großen der Branche in zwei Stunden. Die Sole kommt hier aus 450 Metern Tiefe und wird dann in riesigen flachen Pfannen erhitzt, bis das Salz kristallisiert und abgeschöpft werden kann. Statt mit Wasserkraft, wie früher, wird heute mit Strom gearbeitet. Dennoch ist dies die letzte

Möglichkeit, zu schauen, wie zu Kaisers Zeiten
Salz produziert wurde. Das Salz in Luisenhall
stammt übrigens aus dem Meer – genauer
gesagt aus dem Ozean, der sich vor 250 Millionen Jahren an dieser Stelle befand. Weil die
Meere damals noch sehr rein waren und nicht
verschmutzt, hat auch das Salz eine erstklassige Güte. Das ist der Grund, warum Gourmets
auf das Luisenhaller Salz schwören. Aufbewahrt wird das Luisenhaller Salz am besten in
einem Topf, aus dem man sich mit den Fingern
bedient. Zur Saline gehören auch ein Badehaus,
in dem in Natursole mit einem Salzgehalt von
18 % gebadet wird, und ein Natursoledampfbad.

www.luisenhall.de

Natürliche Ruhe und Stille abseits von Straßenverkehr und Rummel – wer das sucht, kann es leicht finden.

ORTE FÜR das DETOX

Abschalten in der Natur

260 NATUR PUR IN SCHWEDEN

Die Szenerie: unberührte, stille Seen in Wäldern. Vormittags mit dem Ruderboot einige Runden drehen, Pilze im Wald suchen, nachmittags Holz hacken und abends beim Lagerfeuer Brot rösten: Wer ganz und gar abschalten will, ist in der Naturlandschaft Schwedens richtig. Vielleicht ist da auch ein bisschen Michel-aus-Lönneberga-Romantik dabei. Aber das schadet kaum. Gar nicht so unwahrscheinlich, dass man bei diesem Landurlaub deutsche Auswanderer trifft, die sich hygge in ihrem Bio-Blockhaus eingerichtet haben. Ulrike Krynitz und Hakan Strotz vermieten solch urige Feriendomizile, die sie mit eigener Hand gebaut haben. Sie liegen im Wald von Ödeshög in Östergotland, 60 km südlich von Jönköping. Auch für Kinder sind sie ein Traum, denn die Natur bietet mehr als der beste Abenteuerspielplatz. Es gibt eine Küche unter freiem Himmel, ein Grillplatz findet sich am Seeufer. Als Unterkünfte stehen ein Moos-Tempel, eine Wolfshütte und ein Baumhaus zur Verfügung – alle ausschließlich aus Naturmaterialien errichtet. Zum Essen gibt es biologisch erzeugte Lebensmittel der Region, auf dem Grundstück sorgen Tiere einer alten Schafsrasse dafür, dass das Gelände nicht zuwächst und gleichzeitig gedüngt wird. Und dann wären da noch die Holzofen-Sauna, Kanus, Yoga-Angebote …

www.urnatur.se

261 AUSZEIT AUF EINER ALPENHÜTTE

In hoch gelegenen Alpentälern gibt es bisweilen keinen Handyempfang. Die Gelegenheit also, Digital-Detox mit einem zünftigen Hüt-

Hallig Hooge

Aletsch Arena

tenleben zu verbinden! Auf www.huetten.com hat man eine gute Auswahl unter mehr als 300 Hütten. Was gibt es Schöneres, als es sich mit einem guten Buch im Sessel am Kaminfeuer bequem zu machen? Manche Hütten haben noch ein Plumpsklo, einige sogar noch einen Herd, der mit Holz befeuert wird. Besonders idyllisch sind historische Hütten, die im Originalzustand belassen wurden. Wie die Hungarhub Hütte in Österreich, wo das Brennholz an der Hauswand bis unter die Dachrinne gestapelt und der Blick ins Tal einfach unbeschreiblich ist.

262 AUSZEIT IM KLOSTER

Einmal das Handy zur Seite legen, den Laptop ausgeschaltet lassen und sich auf seine Sinne konzentrieren: Das gelingt gut bei einer Auszeit im Kloster. Man muss dazu nicht einmal Christ sein – in Deutschland wird nie-

mand mehr an der Klosterpforte nach seiner Glaubensrichtung gefragt. Es gibt Klöster, in denen eher geschwiegen wird, andere halten es nicht so streng. Allen gemeinsam sind aber die immanente Spiritualität und die betende Verbindung zu Gott. Im Klosteralltag findet der Besucher neue Inspiration und Blickwinkel für das eigene Leben. In einigen Klöstern ist aktive Mitarbeit möglich, in anderen werden Wellness und Körperarbeit angeboten. Auch Yoga und Tanz sind in heutigen Klöstern kein Tabu mehr. Ein modernes Kloster ist zum Beispiel die Kommunität Grimnitz in Brandenburg. Dietrich Bonhoeffer folgend, verstehen sich die Gläubigen dort als Kirche für andere. In wunderschöner Natur gelegen, heißt das Benediktinerkloster Maria Laach Besucher willkommen. Die Website https://stillefinden.org führt weitere gastfreundliche Klöster in Deutschland auf – zu filtern auch danach, ob sie mit Bus und Bahn erreichbar sind.

Auf Achtsamkeit, Erholung und Reflexion legt das Kloster Engelberg im schweizerischen

Hallig Hooge ist die zweitgrößte Hallig, hier leben 108 Insulaner, die rund 480 Gästebetten zur Verfügung stellen. Während auf Hooge und auf Langeneß Autos noch fahren dürfen, sind alle anderen Halligen autofrei. Auf der Hallig Oland beispielsweise leben 21 Insulaner, es gibt nur 45 Gästebetten. Und eine Kirche, ein Gasthaus und den einzigen reetgedeckten Leuchtturm Deutschlands. Auf die Hallig gelangt man im Sommer mit dem Schiff von Schüttsiel aus. Oder man wandert über das Watt von Dagebüll nach Oland. Die Halligen sind ein Versuchslabor für nachhaltiges Leben: Hier will man erproben, wie der Mensch in der Kulturlandschaft heute nachhaltig wirtschaften kann.

https://halligen.de

Kanton Obwalden besonderen Wert und bietet hierzu Auszeit-Wochenenden (www.stress-auszeit.ch/kloster-engelberg) an. Und in Österreich ist das traumhaft gelegene Kloster Wernberg mit vielfältigen spirituellen Angeboten, mit Meditation und Fastenkursen, ein idealer Ort, um zu sich selbst zu kommen.

www.kloesterreich.at

263 AUSZEIT AUF DER HALLIG

Die Halligen sind eine Welt für sich. Tagsüber reicht der Blick in alle Richtungen bis zum Horizont, man sieht praktisch keinen Menschen, dafür viel Natur und häufig auch Tiere. Wenn das Meer zurückgeht, wird der Meeresboden frei. Zeit für die Seevögel, sich Nahrung zu suchen. Und auf den Seehundsbänken räkeln sich Seehunde und Kegelrobben. Deren entspannte Ausstrahlung ist ansteckend.

264 DURCHATMEN IN DER ALETSCH ARENA

Raus aus der Stadt und rein in die Alpenluft! Auf dem autofreien Hochplateau der Aletsch Arena im Schweizer Kanton Wallis (nur per Seilbahn erreichbar) kann man gut durchatmen. Keine Abgase, kein Lärm und im Sommer keine Hitzestaus. Dafür klare Bergluft, Stille und die Aussicht auf 40 Viertausender sowie den imposanten Aletschgletscher, zu dem auch geführte Wanderungen angeboten werden. Wer es nicht so anstrengend mag, geht im ältesten Arvenwald Europas waldbaden. Auch für die Anreise wird kein Auto benötigt: In Brig steigt man um in die Matterhorn Gotthard Bahn, die Besucher zu den Talstationen Mörel, Betten Talstation und Fiesch bringt. Von dort gelangt man mit der Seilbahn in 7 bis 10 Minuten in die Orte Riederalp, Bettmeralp und Fiescheralp.

BESONDERE

Nächte

IM LUXUSRESORT WIE IN DER KLEINSTEN HÜTTE – NACHHALTIG GEHT ÜBERALL!

265 CASA MOȘULUI, CÂRȚIȘOARA

Früh zu buchen ist hier ratsam, denn die urgemütliche Pension, mit ganz viel Holz und Naturstein gebaut und mit ausgesprochen ländlicher Atmosphäre, hat nur eine Handvoll Zimmer. In der Küche werden ausschließlich regionale und saisonale Produkte zu typisch rumänischen Gerichten verarbeitet. In der *Casa Mosului* kommt also nur auf den Teller, was im eigenen Garten wächst oder was es in der Nachbarschaft zu kaufen gibt: Milch von Ghita oder alles rund ums Schaf vom Schäfer Rica. Das ist gut fürs Klima und stärkt die lokale Community!

www.casa-mosului.ro

266 FINCA VEGANA, BOCALEONES

Der Name ist Programm: Während eines Aufenthalts in einem der Gästehäuser der *Finca Vegana*, drei davon mit eigener Küche, steht die vegane Ernährung im Mittelpunkt. Wer in einem Zimmer der Casa Vegana untergebracht ist, darf die Gemeinschaftsküche nutzen. Oder man bestellt Frühstück und Abendessen beim Personal. Das Angebot richtet sich jedoch nicht nur an Menschen, die schon lange vegan leben: Neben Kochkursen bietet die Finca auch Seminare zu Wildkräutern und veganer Ernährung an.

Die Landschaft rundum lädt zudem dazu ein, Natur als etwas Schützenswertes zu begreifen, beispielsweise am eigenen Zugang zum Bach Bocaleones oder im nahegelegenen Naturpark

Sierra de Grazalema. Hier lassen sich mit etwas Glück Fischotter, Eisvögel, Adler oder Geier beobachten – beim Wandern, Kajak fahren oder Paragliding. Für die Zukunft plant die Finca Vegana auch einen Garten zur Selbstversorgung.

www.fincavegana.com

267 HOTEL SAND, TIMMENDORFER STRAND

Das Lifestylehotel SAND macht vor allem in puncto Transparenz vieles richtig. Auf der Homepage kann man sich darüber informieren, in welchen Bereichen auf Nachhaltigkeit gesetzt wird. Neben Bauweise und Innenausstattung – fast alles hier ist aus Naturprodukten – gehören dazu auch das Energiemanagement sowie die regionale Bio-Küche und das Engagement für den Umweltschutz.

www.hotelsand.de

IM biohotel der daberer kommt leichte, saisonale Bio-kost auf den Tisch.

268 BIOHOTEL DER DABERER, DELLACH IM GAILTAL

In Sachen Bio setzt das Hotel in Kärnten auf 40 Jahre Erfahrung. Vieles, was aus der Küche kommt, ist selbst gemacht. So zum Beispiel (vegane) Aufstriche und Marmeladen sowie das Brot aus der eigenen Backstube. Die Bio-Zutaten dafür kommen vorwiegend aus der Region – wenn das mal nicht der Fall ist, wird es für die Gäste klar gekennzeichnet. Die Bio-qualität wird regelmäßig extern kontrolliert. Das Hotel ist außerdem bioklimatisch gebaut, sodass etwa die Sonnenenergie durch große Glasflächen passiv genutzt wird. Geheizt wird mithilfe einer Solaranlage und einer Pelletheizung. Eine Besonderheit im *Biohotel Der Daberer* ist die Wasserversorgung: Jeder Tropfen kommt aus der hauseigenen Quelle.
Zudem liegt das Hotel mitten im Gailtal, der ersten Slow Food Travel-Destination überhaupt. Kein Wunder, dass hier auch zahlreiche Workshops zum Thema angeboten werden.

www.biohotel-daberer.at

269 DIE WASNERIN, BAD AUSSEE

Das familiengeführte 4-Sterne-Naturhotel bietet unter anderem Yoga am See sowie Waldbaden an und legt ganz allgemein Wert auf einen respektvollen Umgang mit der Natur. In der Küche werden hauptsächlich regionale Bio-Produkte verwendet. Das Hotel gewinnt Energie aus einer Photovoltaikanlage und nutzt auch sonst Ökostrom. Im hauseigenen Spa kommt Bio-Kosmetik zum Einsatz, außerdem werden ökologische Wasch- und Reinigungsmittel verwendet. Plastikmüll wird möglichst vermieden. Zum Abschalten gibt es WLAN- und handyfreie Zonen.

www.diewasnerin.at

210 KOFFERHOTEL SACHSEN, LUNZENAU

Ferien auf 3,5 Quadratmetern versprechen eine sehr nachhaltige Angelegenheit zu sein. Die beiden Schuppen im mittelsächsischen Lunzenau sind äußerlich einem Koffer nachempfunden und innen mit Stockbett und einer kleinen Sanitär-Nische ausgestattet. Das war's dann auch schon. Trotzdem taucht das Kofftel des sächsischen Gastronomen und Hobbysammlers Matthias Lehmann heute auf diversen Listen und Deutschlands Top-Sehenswürdigkeiten auf. Zumindest dürfte die Attraktion für jedes Budget erschwinglich sein: Gerade mal 15 Euro kostet die Übernachtung pro Person, die Fahrradausleihe ist im Preis inbegriffen. Schlafsack mitbringen! Wenn alle Feriendomizile mit derart wenig Flächenverbrauch auskommen würden, wäre viel mehr Platz da, um Naturschutzgebiete einzurichten!

www.prellbock-bahnart.de/ kofferhotel/kofferhotel01.htm

211 SLAAPZAND HÄUSCHEN, WESTKAPELLE

Es gibt Ferienhäuser, die sehr nah am Strand liegen. Und es gibt die Slaapzand Häuschen in Domburg – sie stehen auf Stelzen direkt auf dem Strand, sodass man unter sich den Sandstrand hat (übrigens ein wunderbar breiter, feinsandiger Strand) und vor sich die Wellen der Nordsee. Nachhaltig: Die Häuschen, die Platz für fünf Personen bieten, sind aus umweltfreundlichen Materialien gebaut und verfügen über eine Solarwasserheizung. Die Vorderseite besteht aus einer großen Fensterfront, sodass man immer in der ersten Reihe sitzt.

www.slaapzand.nl

212 LA VIMEA, NATURNS

La Vimea ist das erste rein vegane Hotel in Italien. 2016 wurde es renoviert und mit ökologischen Möbeln und Naturholzböden ausgestattet. Sogar die Matratzen sind ökologisch abbaubar. Selbstverständlich wird auch vegan gekocht, die Lebensmittel sind Bio und aus der Region. Selbst das Waschmittel für die Reinigung der Wäsche im Hotel ist vegan. Dass es hier keinen gechlorten Pool gibt, verwundert nicht. Stattdessen können Gäste in einen Badeteich springen – mitten in einem kleinen Park mit altem Baumbestand.

www.lavimea.com/de

213 RICHIAMO DEL BOSCO, SALA BAGANZA

Sala Baganza, ein Dorf mit 5500 Einwohnern, liegt nicht weit entfernt von Parma. Hier steht das Richiamo del Bosco, Musterbeispiel eines Öko-Ferienhauses, errichtet aus ökologischem Baumaterial und eingerichtet mit nachhaltigem Mobiliar. Umgeben ist es von über 1000 Hektar Weiden und Wald – in einer Gegend, die nicht weiter besiedelt werden darf. „Wir haben versucht, eine Kontinuität zwischen dem Inneren und dem Äußeren des Hauses zu schaffen", lassen sich die Erbauer zitieren. Wer auf Instagram mit seiner Schlafstätte angeben will, der kann hiermit sicher punkten. Kochkurse für gesundes Essen mit der Köchin Tiziana Castelluccio, Yoga-Kurse mit Eseln (!) mit Elisa Lorenzani, Dekorationskurse mit Barbara Maldini und Töpferkurse mit Robert Cross runden das Konzept ab.

www.ilrichiamodelbosco.it

214 RE:HOF RUTENBERG, RUTENBERG

Auszeit im Grünen: Auf diesem 2 Hektar großen ehemaligen Pfarrhof hat sich ein niederländisches Ehepaar seinen Lebenstraum erfüllt. Wo noch 2012 das verfallende Pfarrhaus aus einer Unkrautwildnis ragte, liegt heute ein nachhal-tig angelegtes Ferienzentrum mit modernen Lofts auf dem alten Heuboden, verspielten Gästepavillons mit großen Glasfronten sowie einer Ferienwohnung im ehemaligen Pfarrhaus. Die Anlage grenzt direkt an die Wälder-und-Wasser-Welt des Naturparks Uckermärkische Seen. Die Bio-Frühstückszutaten holt man sich natürlich im hauseigenen Hofladen.

www.rehof-rutenberg-ferienhaus-brandenburg.de

215 HOMOKI LODGE, RUZSA

Die ungarische Puszta eignet sich bestens für eine Auszeit. Wer dabei auf einen gewissen Komfort Wert legt und auf Umweltfreundlichkeit nicht verzichten möchte, quartiert sich in der Homoki Lodge ein. Deren Hauptgebäude haben dicke Lehmmauern und ein Strohdach, statt eines Fernsehgerätes gibt es eine Bibliothek und der Saunaofen wird mit Holz befeuert. An die magyarische Vergangenheit erinnern die in Jurten untergebrachten Gästezimmer, die mit Fußbodenheizung, Minibar und Regendusche ausgestattet sind. Vom Bett aus kann man den Sternenhimmel sehen. Es gibt sogar Jurten mit drei Ebenen – für Wohnen, Schlafen und Baden. Angeboten werden auch Ausritte mit ungarischen Warmblutpferden. Wer will, kann nach einem Tagesritt einen Aussichtsturm erklimmen und im naturgeschützten Sumpfgebiet Wasserbüffel beobachten. Die Lodge hat bereits einen Preis für nachhaltigen Tourismus erhalten.

www.homokilodge.com

Blick in eine der Jurten
– hier lässt sich's
entschleunigen!

216 WILDNISHOTEL PAPIN TALO, RUKA

Die Ansicht erinnert an die Holzhäuser von Michel aus Lönneberga. Tatsächlich ist Papin Talo sehr nachhaltig aus alten Blockhütten wieder aufgebaut. Die Ferienhäuser liegen am waldigen Seeufer, kilometerweit sieht man nur Wald. Das Restaurant, 7 Kilometer von Ruka entfernt, liegt in einer mythischen Bärenhöhle. Ein Transfer ist gewährleistet. Zu essen gibt es Wild, Beeren aus den Wäldern und Fisch aus den Seen. Auch Saunas fehlen nicht – da wären die Gruppensauna des Dorfes Lisakki und eine Strandsauna. Hier sollen Sauna-Yoga und Sauna-Pilates bei der Entspannung helfen. Zudem gibt's Freizeitmöglichkeiten wie Stand-up-Paddling, Rafting, Kanufahren, Wandern und Bärenbeobachtung.

www.rukasafaris.fi

217 „NATUR PUR" RESORT KOLBATZER MÜHLE, LYCHEN

Die Uckermark ist Deutschlands am dünnsten besiedelte Region. Diese Landschaft entdeckte in den 1990er-Jahren ein junger Unternehmer aus dem hessischen Butzbach für sich, war begeistert von der Natur und baute mit wenigen Mitteln, aber sehr nachhaltig, ein Naturresort mit Kanuverleih auf. In dem weitläufigen Gelände, das an den Mühlteich grenzt, stehen einige Blockhäuser und Hobbithütten aus Holz. In einigen benötigt man Luftmatratzen zum Schlafen. Auch ein „Sachsenfloß", also ein festes Floß am Ufer, kann als Schlafplatz dienen. Pizza im Lehmofen backen, Wildschwein über dem Feuer grillen oder frischen Fisch aus dem See räuchern – in der Kolbatzer Mühle geht es zünftig zu.

www.kolbatzer-muehle.de

218 WHITEPOD HOTEL, LES GIETTES

„Eco-Luxury" auf Schweizerisch – das ist das Whitepod. Mit ihrem Konzept wollen die Gründer beweisen, dass sich Hotelbetrieb und Umweltschutz nicht ausschließen. Wasser- und Stromverbrauch werden kontrolliert, Abfälle recycelt, die Mitarbeiter wohnen in der Nähe. Die Pods, auch geodätische Halbkugelzelte genannt, sind mit Pellet-Öfen beheizt, Autos sind auf dem Gelände nicht erlaubt. Die Pods stehen auf hölzernen Plattformen, die gleichzeitig Aussichtsterrassen mit spektakulärem Panoramablick sind. Im Sommer gibt es Raclettewanderungen, Kräuterwanderungen und Touren mit E-Mountainbikes, im Winter Hundeschlittenfahrten, Schneeschuhwandern und Tourenski.

www.whitepod.com

FUTURISTISCH – DIE PODS AUF
HÖLZERNEN PLATTFORMEN

219 CAVA HOTEL MASTINELL, VILAFRANCA DEL PENEDÈS

Das Äußere ist unverwechselbar: Wie ein Konstrukt aus riesigen Sektflaschen, die sich in einem Weinregal stapeln, steht das supermoderne flache Gebäude inmitten von Rebflächen. Auch die Struktur der Zimmer ist darauf angelegt, Assoziationen an Sektflaschen zu wecken. Die großen runden, bodentiefen Zimmerfenster wirken wie Flaschenböden, strukturiert sind sie durch eine Art riesiges Gitter. Die Ausstattung ist von zahlreichen Öko-Features geprägt: Es gibt Solarpaneele, Regenwassertanks, Warmwasser aus Biomasse und nachhaltig produzierte Möbel. Pflicht ist natürlich mindestens eine Flasche Cava oder Vino Tinto in der Bodega zu probieren! Selbstverständlich wird in diesem 5-Sterne-Haus Wellness geboten – bei den Anwendungen kommen auch Trauben zum Einsatz.

www.hotelmastinell.com

280 MIO MINICAMPING, OTTENDORF

Das „Made in Ottendorf" Minicamping (unweit von Dresden) ähnelt einem Campingplatz. Einige kleine, aber feine Unterschiede gibt es. Dauercamper sind hier nicht zugelassen, es gibt auch keine abgegrenzten Parzellen. Vielmehr suchen sich die Zelter und Caravan-Fahrer auf einer grünen Wiese ihren Platz. Nachhaltige Features: Es gibt eine vollbiologische Kläranlage, die Toiletten funktionieren mit Brauchwasser, und in der „Esswerkstatt" kochen die Betreiber für die Gäste, aber nur auf Anmeldung. Spezialisiert ist man hier auf die asiatische Küche und insbesondere die indonesische Reistafel. Auch vegetarisch, vegan oder glutenfrei ist hier kein Problem. Wer kein eigenes Zelt hat, kann sich im Tiny House oder im Wohnwagen einmieten.

www.mio-minicamping.de

281 SCHLOSS SCHEDLING, TROSTBERG

Bizarr sieht er aus, der eckige, weiße Turm mit der Außentreppe und den vielen verschiedenartigen Fenstern. Er stammt nicht aus dem Mittelalter, sondern wurde nach historischem Muster errichtet. Die Wohnungen, die Grafenstube, Herzogpalais oder Turmpalais heißen, punkten mit verschiedenen Wohnebenen, offenen Feuerstellen, Kachelofentürmen, verträumten Himmelbetten und exklusiven Bädern mit Whirlwanne. Für Kids gibt es kuschelige Schlafhöhlen und einen Geheimgang. Innen und außen wurde der Turm mit einer Mischung aus Sand, Kalk und Farbpigmenten auf biologische Art verputzt. Die Betreiber haben darauf geachtet, im ganzen Turm nur natürliche regionale Materialien zu verwenden. Details wie Schmuckkacheln mit Hirschen und Wappen oder mundgeblasene Fenster zeugen von der Raffinesse der Gestaltung. Überall finden sich kleine Nischen, Gewölbe und Winkel, für Kinder gibt es außerdem eine gemauerte Puppenküche mit Miniaturkachelofen. Neben dem Turm steht das echte Schloss Schedling, das ebenfalls im Besitz der Betreiber ist.

www.schloss-schedling.de

282 CHAO DO RIO, TRAVANCINHA

Die Ferienhaussiedlung Chao do Rio wurde für ihre Umweltverträglichkeit ausgezeichnet. Sie besteht aus Häuschen aus groben Felssteinen mit Spitzdach, das mit Stroh gedeckt ist. Die Nachhaltigkeit setzt sich in der Inneneinrichtung der unterschiedlich ausgestatteten Maisonettes fort. Im einen sind die Stühle mit Ziegenleder bezogen, im anderen dienen Baumstamm-Stücke als Nachttische, die Decken stammen von Webstühlen in den Bergen. Die Natur ist sehr nah, davon zeugen die Mückennetze an allen Fenstern. Auf dem Bauernhof nebenan lässt sich das Landleben auskosten, man darf Pilze sammeln, Obst von Bäumen pflücken, im nahegelegenen See baden, in der Hängematte dösen oder den „Moira" Wanderweg der Fee erkunden. Dieser ausgeschilderte Wanderweg verläuft im waldigen Gebiet im Süden des Anwesens. Auch einen Bio-Pool gibt es und einen Feuerplatz für Lagerfeuer. Zum Frühstück schmecken selbstgebackenes Roggenbrot, Kürbismarmelade von Emilia und Rosmarin-Honig aus der Serra da Estrela. Und natürlich frisch gelegte Eier von den glücklichen Hühnern.

www.chaodorio.pt

283 GLASHAUS, PIEMONT

Inspiriert von Philip Johnsons berühmtem „Glass House" entstand dieses bewohnbare Glashaus, dessen Grundstruktur ein altes Gewächshaus ist, 2016 in Zusammenarbeit mit

SCHÄFER MIT HERDE AM Chao do Rio

zwei Gäste ausgelegt, neben einem Kamin im Wohnzimmer gibt es auch eine Sauna. Der Preis von 3400 Euro pro Woche hat allerdings schon so manchen Interessenten abgeschreckt.

www.traum-ferienwohnungen.de/162820

284 PUEBLOASTUR, COFIÑO

Dieses Resort in Asturien mit Häusern aus groben Felssteinen wurde auf den Grundlagen eines „authentischen" Bergdorfs errichtet. Mit dem Hotelkonzept soll dies so gut wie möglich erhalten werden. „Mit der Umgebung fließen" nennen dies die Werbetexter dieser Luxus-herberge. In den Zimmern gibt es trotzdem 40-Inch-Flatscreen-Fernseher, aber auch Slow Food aus dem Obstgarten des Hauses. Das Gourmet-Restaurant illustriert die vier

dem italienischen Architekten Piero Lissoni. Es ist nach den Richtlinien der Nachhaltigkeit entworfen, der Einfluss auf die Umwelt soll so gering wie möglich sein. Die Annehmlichkeiten im Inneren sind mit denen eines 5-Sterne-Ho-tels nur unzureichend beschrieben, das Haus wird als „7-Sterne-Suite für höchste Ansprü-che" beworben. Die 70 Quadratmeter sind für

Elemente Erde, Wasser, Luft und Feuer unter anderem mit Werken von Salvador Dali. Das „Nature Spa" beinhaltet Sauna, türkisches Bad und Aromatherapie-Duschen. Insgesamt ein Versuch, Nachhaltigkeit und Design zu verknüpfen.

In der Umgebung lassen sich übrigens autochthone Tierrassen wie das „Gochu"-Schwein, die „Pita"-Henne und das wilde „Asturcon"-Pony in Augenschein nehmen.

www.puebloastur.com

285 BYRE COTTAGES, STORRINGTON

Früher waren diese Cottages mitten im South Downs National Park viktorianische Ställe,

kürzlich hat man sie in Ferienunterkünfte umgewandelt. Die Scheune im Zentrum der Anlage ist die älteste Zehnt-Farm in Sussex. Hühner rennen herum, von ihnen stammen die Frühstückseier. Es gibt einen Swimmingpool, einen Tennisplatz, Freiluftspielzeug. Die Hunde Digby, Lulu und Amber sind für viele Gäste ein Highlight des Aufenthalts. Die Betreiber setzen sich für nachhaltige Bewirtschaftung ein; so werden die natürlichen Feldgrenzen nicht verändert, Hecken selten geschnitten, der Einsatz von Pestiziden vermieden und alte Pfade so belassen, wie die Leute sie einst austrampelten. Die alte Tradition, ein Zehntel des Gewinns abzugeben, wird weiter gepflegt – so sponsert man beispielsweise das jährliche Blumenfestival.

www.responsibletravel.com

Naturnäher geht's nicht:
Baumhaus im INTO The Wild

286 INTO THE WILD ALGARVE, BUDENS

Urlaub für Hippies, oder für die, die sich dafür halten – das verspricht Into The Wild. Zum Schlafen kann man wählen zwischen Baum-haus, Tipi-, Rund- und Safari-Zelt. Bunte Fähn-chen, Feuerplatz und Schaukeln in den Bäumen sorgen für Abenteuer-Urlaubsfeeling. Ein vege-tarisches Frühstück ist im Preis inbegriffen, an manchen Tagen wird auch abends gekocht. Yogastunden, Surfunterricht usw. gehören zum Angebot – oder einfach chillen mit Blick auf die Hügel, hinter denen abends die Sonne unter-geht. Letzteres sogar im Winter. Denn Into The Wild ist ganzjährig geöffnet. Der nächste Ort, Budens, ist zehn Minuten entfernt.

www.intothewildalgarve.com

Ganz in der Nähe gibt es einen weiteren Cam-pingplatz mit ähnlichem Konzept:

www.salemaecocamp.com

287 ECOLODGE BIESBOSCH, DORDRECHT

Der Nationalpark De Biesbosch ist eines der wenigen Süßwasser-Gezeitengebiete in Europa, ein Labyrinth aus Flüssen, Wasserspeichern, Weidewäldern und bizarren Flussarmen. Hier finden sich Gänse, Reiher, Enten und Stelz-vögel – und eine wirklich ganz besondere Ecolodge. Diese schwimmende Unterkunft liegt am Rande des Nationalparks De Bies-bosch, zwei Kilometer vom Hostel stayokay Dordrecht entfernt. Sie ist aus Holz in einem sehr auffälligen Design erbaut, hat bodentiefe Fenster und einen eigenen Aussichtsturm für Naturbeobachtungen. Zur Ausstattung gehören ein Zweierkajak und zwei Fahrräder.
Auf dem Gelände des Hostels steht auch das sogenannte „Wikkelhouse" für vier Personen, das aus recycelter Pappe hergestellt ist.
Die Kette stayokay ist der Nachhaltigkeit verpflichtet, kämpft gegen Plastikmüll und ist dabei, ein CO_2-neutrales Unternehmen zu werden. Auch Energie und Wasser sparen sowie Müll vermeiden zählen zu den Anliegen der Betreiber.

www.stayokay.com

288 ALBERGO DIFFUSO ECO, BELMONTE

„Albergo Diffuso" heißt – etwas großspurig –, dass die Herberge das ganze Dorf ist und die Gäste ins Dorfleben integriert werden. Das Konzept erdachte sich der Italiener Giancarlo Dall'Ara, und mittlerweile folgen rund 100 Dörfer in ganz Italien dieser Idee. Ohne dieses

Konzept und die so neu gewonnenen Gäste
würden die beteiligten Dörfer teilweise leer
stehen und verfallen. Der nachhaltige Ansatz
ist also, alte Bausubstanz zu reaktivieren, statt
neue Hotels zu bauen.

Eines dieser Dörfer ist Belmonte in Kalabrien.
Die dortigen Häuser sind sämtlich von Handwerkern aus der Region mit ökologischen und
umweltfreundlichen Materialien renoviert worden. Der Stil der Einrichtung ist unprätentiös,
mit einfachen Möbeln und Stellwänden, aber
mit einem ganz eigenen Charme.

www.ecovacanzebelmonte.it

289 DESTINATURE DORF, HITZACKER

„Hier wird die Natur zum Hotel!" ist der
Leitspruch dieses Projektes, das von der EU
gefördert wird. Geschlafen wird im Tiny House
oder im Bett To Go, die vollständig aus natürlichen und nachhaltigen Materialien bestehen.
Im Garten gibt es Saunen, Freiluftduschen und
beheizbare Badezuber. Der Bio-Gedanke führt
sich fort im Bio-Bistro – vegan und glutenfrei
sind hier keine Fremdwörter.

Die malerische Altstadt von Hitzacker im
Wendland ist nur 400 Meter entfernt. Hier ist
man stolz auf den „Wendland-Spirit", nach dem
man sein eigenes Ding macht und an einer
guten Zukunft für alle baut. Kein Wunder,
dass hier viele Künstler und Aktivisten leben.
Hitzacker liegt in der Arche-Region, in der
auf vielen Höfen alte Nutztierrassen gehalten
werden.

www.werkhaus.de

KOLARBYN: SPARTANISCHE WALDHÜTT
UND BADEWANNE MIT SEEBLICK

290 KOLARBYN ECO LODGE, KOLARBYN

„Wir nennen es auch Schwedens primitivstes
Hotel", sagen die Macher der Ecolodge Kolarbyn, nordwestlich von Stockholm gelegen, mit
einem Augenzwinkern. Luxus ist hier tatsächlich so verbreitet wie der Braunbär im Alpen-
vorland. Wenn man ankommt, sieht man erst
mal nur Bäume, Bäume und noch mehr Bäume.
Alles ist grün. Erst bei genauerem Hinsehen
entdeckt man zwischen Baumstümpfen kleine
Hügel, die künstlich angelegt wurden und eine
hölzerne Klappe haben. Dahinter verbirgt sich
eine Art Naturzelt, das mit Moos und kleinen
Zweigen meisterlich getarnt ist. Drinnen ist es
hochgradig kuschelig: Man schläft auf Schaf-
fellen im Licht einer Laterne, für Wärme sorgt
eine kleine Feuerstelle mit echtem Holzfeuer.
Dank dieser „Heizung" sind die Hütten auch im
Winter nutzbar, wenn sie mit Schnee bedeckt
sind. Geschlossen ist die Lodge nur in Dezember und Januar. Fürs Frühstück wird ebenfalls
über dem Feuer gekocht, das Holz zum Feuern

muss selbst gehackt werden, etwas Aktivität tut schließlich gut. Alles ist hier wirklich Natur pur, auch das Trinkwasser kommt aus einer nahegelegenen Quelle. In Kolarbyn wurde 400 Jahre lang Holzkohle hergestellt, die alten Köhlerhütten stehen aber schon seit Jahrzehnten leer. In Anlehnung an diese alte Tradition baute man die Öko-Köhlerhütten zum Übernachten auf.

Die Köhlerhütte ist zu primitiv? Man kann auch in Blockhäusern übernachten, die ebenfalls einen Feuerplatz haben. Daneben organisiert die Ecolodge eine Menge Aktivitäten, zum Beispiel Survivalkurse, Nächte im Wald, Familienexpeditionen und Waldbaden.

www.kolarbyn.se

291 BIODORF SCHMILKA, SÄCHSISCHE SCHWEIZ

Ein ganzes Dorf macht auf Bio – das war die Idee des Unternehmers Sven-Erik Hitzer. Das kleine Dorf am Strand der Elbe, in der Sächsischen Schweiz direkt an der Grenze zu Tschechien, war touristisch bis dahin ein Geheimtipp. Nun, da mehrere Hotels im Ort zu Bio-Hotels umgebaut wurden, muss man lange vorher reservieren. Attraktion des Ortes ist die Mühle, die wie in alten Zeiten mit Wasserkraft betrieben wird und täglich rattert. Direkt nebenan in der Bäckerei wird ihr Mehl zu Brot und leckerem Kuchen verarbeitet. Auch eine Mini-Biobrauerei gibt es, eine Sauna und mehrere Restaurants. Biorestaurants! Nur

DAS IST SCHMILKA.

ein paar Kilometer weiter steht die berühmte Basteibrücke, die schon Caspar David Friedrich malte.

www.schmilka.de

292 OASE HEILHAUS, NEUSTADT-RETTIN

Hier hat sich ein Team von Heilpraktikern, Therapeuten, Psychologen, Ärzten, Handwerkern, Informatikern, Kunstpädagogen, Geologen und Innenarchitekten zusammengetan und ein Hotel der besonderen Art eröffnet. Das Motto: „Das Wesentliche im Leben ist einfach". Im Heilhaus werden Urlaub und Therapie verbunden, Yoga, Wirbelsäulengymnastik und Hydrotherapie nach Kneipp gehören zum Programm. Fürs körperliche Wohl gibt es vegetarische Vollwert-Küche, selbst gebackenes Brot und vieles mehr. Und zur Reinigung der „ökologischen Gästezimmer" werden ausschließlich biologische und unparfümierte Mittel verwendet.

www.oase-heilhaus.de

293 KLOSTER GERODE, WEISSENBORN-LÜDERODE

Klöster sind gute Vorbilder für einen nachhaltigen Lebensstil. Warum also nicht mal einchecken hinter dicken Klostermauern? Gerode in Thüringen ist ein Benediktinerkloster, erstmals erwähnt im Jahr 1124. Das Anwesen ist zehn Hektar groß, eine „Paradiesquelle" plätschert in einen Teich, im Hain stehen Obstbäume, Gemüse wird gezogen. Drumherum, wie es sich gehört, eine halb verfallene Klostermauer. Die Ruine der Abteikirche Gerode trägt ebenfalls zum morbiden Charme der Anlage bei. Doch nicht nur Stille kann man hier finden, auch Heilbehandlungen östlicher und westlicher Tradition. Im Sinne des Integrativen Lernens werden Gäste in gemeinsame praktische Tätigkeiten mit einbezogen. Naturheilkundliche Behandlungen werden gemäß dem „Weg der Mitte", begründet von Dr. Daya Mullins, durchgeführt. Fokussiert ist man dabei auf eine ganzheitliche, integrale Gesundheitspraxis.

www.wegdermitte.de

294 HOLZHOTEL FORSTHOF-ALM, LEOGANG

Obwohl es viele gute Eigenschaften hat, wird Holz im Hotelbau als Baumaterial noch immer sehr selten eingesetzt. Das Holzhotel Forsthofalm beweist, dass gutes Design und Holz sehr gut zusammengehen können. Das Haus wird von 210 000 (!) Holzdübeln zusammengehalten und gehört zu den nachhaltigen ökologischen Hotels Österreichs. Erbaut wurde es aus Holz von Bäumen, die unter Berücksichtigung des Mondkalenders gefällt wurden. Die Zimmer und Suiten sind frei von Leim und Metall, dank des Zirbelholzes und dessen Harzduft ist die Nachtruhe sehr tief. Das Öko-Konzept bezieht auch Wasser, Energie und Müll ein. Im Wellness-Bereich werden hauseigene Almkräuterprodukte eingesetzt, aus der Küche kommt Bio-Essen. Im Sky Spa gibt es dreimal täglich Yoga, unabhängig von der Teilnehmerzahl. Auch Yoga-Wanderungen in die Berge können gebucht werden. Für Romantiker: die Spa-Outdoor-Badewanne mit Blick auf die Berge, für zwei Personen.

www.forsthofalm.com

295 KLEINE HEIMAT, TEGERNSEE

Über Tiny Houses gibt es schon Bücher! Doch bevor man in ein Mini-Haus zieht, bei dem auf 15 Quadratmetern Wohnzimmer, Schlafzimmer, Küche und Bad mehr oder weniger pfiffig untergebracht sind, sollte man erst mal in solchen Platzverhältnissen probewohnen. Äußerst angenehm wird dies sicher in dem ehemaligen Almwagen, den ein findiger Betreiber in die Nähe des Tegernsees platziert hat. Er ist ganz aus Holz gearbeitet – außen dunkles mit hellen hölzernen Fensterrahmen, innen viel helles Holz. Dazu gibt's noch eine Menge Extras für die Nachhaltigkeit: Die Solaranlage auf dem Dach produziert den Strom, ein Schwedenofen, dessen Ofenrohr oben aus dem Dach schaut, puffert die Wärme für die Wasseraufbereitung. Im Badezimmer gibt's eine mosaikgefliste Dusche und Almholzdielen, in der Mini-Küche ein Spirituskochfeld. Dazu kommt ein TC, ein Trockenklosett. Es kommt aus Schweden und braucht keine Spülung, sondern Einstreu. Nicht gespart hat man im Almwagen an der Größe des Bettes – das ist *king size* und füllt den halben Wagen aus. Der Clou: Nachts schaut man durch ein Bugfenster direkt in den Sternenhimmel! Der Almwagen steht auf dem Gelände des Campingplatzes Oedberg, drei Kilometer vom Seeufer entfernt.

www.kleine-heimat.de

296 PANORAMAGASTHOF KRISTBERG

Der Kristberg im Montafon ist ein echter Energieort. „Wir pflegen untereinander ein wertschätzendes und respektvolles Du", so begrüßt Jürgen vom Verwöhnteam normalerweise seine Gäste. Der vom österreichischen Umweltverband für sein Nachhaltigkeits-Konzept ausgezeichnete Gasthof liegt auf 1425 Metern Höhe. Das Unternehmen legte sich selbst einen Wachstumsstopp auf und investiert stattdessen in Qualität und die Zufriedenheit der Gäste. Im Vergleich mit ähnlichen Häusern produziert der Panoramagasthof Kristberg rund 45 % weniger CO_2. Aktuell liegt das Haus bei 15,96 Kilogramm CO_2 pro Logiernacht inklusive Verpflegung. Heizung und Warmwasser werden nachhaltig mit Biomasse sowie Solarenergie betrieben.
Für alle, die neue Energie und Perspektiven in ihrem Leben suchen, bietet der Kristberg eine Reihe von Workshops und Therapien an. Die Zimmer haben Zirbelbetten. Speisen werden zubereitet mit Hunza Kristallsalz, das Wasser wird energetisiert durch Amanda Wasserbelebung. Es gibt Heilmassagen sowie Quantenfeld-Therapie, und beim Frühstücksbuffet kann man statt Kaffee ein Aloe-Vera-Drinking-Gel genießen. Auch vorhanden: das Segiun Vitalpflaster, die Power Tube und der Power Quick Zap. Im Einsatz sind zudem Elektrofahrzeuge und eine Elektroschneefräse.

www.kristberg.at

DIRK ENGELHARDT

hat an der FU Berlin studiert und arbeitet
seit 1993 als freier Journalist. Er schreibt
für Tageszeitungen und Magazine
und hat Reiseführer über die Türkei,
Barcelona und Berlin veröffentlicht.
Er bloggt unter www.dergutereisende.
com. Auf seinen Reisen vermeidet er
Flugzeuge, Autos und Kreuzfahrtschiffe.

Michaela HARFST

studierte Kultur- und Sozialanthropologie
in Wien sowie Intercultural Conflict
Management in Berlin. Sie leitet in
der internationalen NGO *Whale and
Dolphin Conservation* (WDC) den
Bereich Kommunikation und schreibt
seit 2010 den Food & Travel Blog www.
transglobalpanparty.com. Das Thema
Nachhaltigkeit begleitet Michaela Harfst
seit vielen Jahren im beruflichen und
privaten Alltag.

Bildnachweis

IMPRESSUM

1. Auflage 2020
© 2020 DuMont Reiseverlag GmbH &
Co. KG, Ostfildern
Alle Rechte vorbehalten.

Autoren und Verlag haben alle Informationen mit größtmöglicher Sorgfalt
geprüft. Gleichwohl sind Fehler nicht
vollständig auszuschließen. Alle Angaben erfolgen ohne Gewähr.

Autoren: Dirk Engelhardt,
Michaela Harfst

Gestaltung, Satz, Redaktion:
red.sign, Stuttgart
© DuMont Reiseverlag, Ostfildern

Printed in Italy
ISBN 978-3-7701-8475-0
www.dumontreise.de

Anja Schlatterer, Freiburg: S. 104, 112, 113
Archiv Prellbock: S. 216 (Dirk Rückschloß, BUR-Werbung)
bellaflora: S. 81
Bergwaldprojekt: S. 73
Biohotel Daberer: S. 215 o., 215 u.
Casa Moșului: S. 214 u.
Chão do Rio: S. 223 o., 223 u.
Destination Gstaad: S. 165
DingsDums Dumplings: S. 137
Dirk Engelhardt, Berlin: Rücken, 2 M. re., 40, 43, 45 o.,
49 o., 49 u. li., 57 o., 91 o., 91 u., 144/145, 152, 170, 201,
234/235, Titelbild hinten, u.
Doris COPPENRATH : S. 123 o., 123 u.
DuMont Bildarchiv, Ostfildern: S. 114 o. (Dirk Renckhoff);
93, 105, 151 (Martin Kirchner); 47 (Olaf Meinhardt);
100 (Peter Hirth); 96, 154, 155 o. (Sabine Lubenow); 51
(Thomas Linkel); 16 (Thomas Roetting/Sylvia Pollex); 38/39
(Udo Bernhart)
Frea: S. 121
Glut und Späne: S. 124 o., 124 u.
Hobenköök: S. 2 M. li., 141 (Darja Schneider); 140 (Gerrit
Meier)
Homoki Lodge: S. 219
Huber-Images, Garmisch-Partenkirchen: S. 64 o. (Davide
Erbetta); 62 (Giorgio Filippini); 117 (Hans-Georg Eiben); 94
(Mark Robertz); 63 re. (Massimo Ripani); 55 re. (Susanne
Kremer)
Into The Wild Algarve: S. 30, 212/213, 224, 225
Isokenkäisten Klubi: S. 193 o., 193 u.
iStock.com, Calgary (CA): S. 76 (inaquim)
James & the Cook: S. 134
Jens Kramer: Umschlagklappe hinten, außen, u.
Klimahaus Bremerhaven: S. 86, 87 o. (Hannes Voigts)
Kolarbyn Eco-Lodge: S. 226, 227
Kristin Möller Malsalon GbR: S. 75
laif, Köln: S. 102 (Bernd Jonkmanns); 153 (Dagmar Schwel-
le); 207 o., 207 u. (Dirk Eisermann); 31, 229 (Gerhard
Westrich); 115 (Gonzalo Azumendi); 184/185, 196 (Gunnar
Knechtel); 103 o. (Hans-Bernhard Huber); 106 (hemis.fr/
Bertrand Gardel); 61 re. (hemis.fr/Jean-Paul Azam); 44 o.
(hemis.fr/Patrice Hauser); 65 (hemis.fr/Pierre Jacques);
188 (Jörg Modrow); 191 (Le Figaro Magazine/Mazodier);
208 u. li. (Loop Images/Dominic Jones); 42 (Michael
Amme); 48 (Paul Langrock); 182 li. (Tania Reinicke); 116
(Tobias Gerber)
Lázně Pramen: S. 198 (Business Dragons)
Lokalhelden Augsburg: S. 132 o., 132 u. (Mona Ridder)
Lookphotos, München: S. 178 (Denis Feiner); 167 (Thomas
Roetting/Sylvia Pollex); 50 (Ulf Böttcher)
Mas Salagros: S. 194 o.
Mauritius Images, Mittenwald: S. 54 (age fotostock); 197
(Alamy/Andrea Matone); 172 (Alamy/Christian Kober);
135 (Alamy/DGDImages); 204 (Alamy/Gregory Wrona);
173 re. (Alamy/György Marinkás); 206 (Alamy/Hacken-
berg-Photo-Cologne); 160 (Alamy/Holger Burmeister); 66,
67 (Alamy/Ilija Ascic); 208 u. re. (Alamy/Jonas Rönnbro);
120 (Alamy/Paul Quayle); 125 o., 126 (Alamy/Photo 12); 205
(Alamy/travelpix); 68 (Alamy/Xavier Fores/Joana Roncero);

146 (Fritzi); 129 (John Warburton-Lee); 107 (nature
picture library); Umschlagklappe vorne, innen, 59 (Nov-
arc); 210 (Novarc Images); 210/211 u. (P. Kaczynski); 233
(Pitopia); 200 o. (robertharding); 230 (Travel Collection);
228 (Uwe Steffens); 8/9, 10, 34 M., 60, 169 (Westend61)
MIMOFOOD: S. 80
Miskolctapolca Barlangfürdő: S. 186, 187
Mosaiccos: S. 78
Parfums Galimard: S. 77
picture-alliance, Frankfurt a. M.: S. 180 o. (Abdullah
Asiran); 52 (chromorange/Manfred Dietsch); 45 u. (dpa/
Sören Stache); 92 o. (Frank May); 72 o. (imagebroker/
Sabine Lubenow); 156, 202 (Westend61); 26 (Westend61/
Michael Runkel); 162 (ZB/Patrick Pleul)
privat: Umschlagklappe hinten, außen, o.
Restaurant Nolla: S. 138, 139 (Nikola Tomevski)
Shutterstock.com, Amsterdam (NL): S. 6/7, 70/71 (Africa
Studio); 99 (Alex Post); 2 li., 41 (Alex Stemmer); 20
(Alexandros Michailidis); 23 (altanaka); 55 li. (Anastacia -
azzzya); 53 (Anetlanda); 101 (anielskiefoto); 109 (Anilah);
Titelbild re., 3 re. (ARIMAG); 164 (Artem Avetisyan); 44 u.,
61 li. (Artspace); Titelbild M., 3 M. (Benevolente82); 157 o.
(bioraven); 98 (Bjoern Wylezich); 33 (Blue Planet Studio);
176, 177 (BlueOrange Studio); 174 (Capricorn Studio); 127
(CarmenRM); 166 o. (Catarina Belova); 2 re., 17 (cornfield);
157 u. (CRISTIAN IONUT ZAHARIA); 171 u., 173 li., 175
(Daniela Barreto); 128 u. (David W Hughes); 161 u. (Dirk
Strothmann); 88/89 (Doidam 10); 36 (Dragon Images);
Titelbild hinten, o. (Efired); 90 (Elisabeth Coelfen); 166 u.
(emperorcosar); 37 (EpicStockMedia); 180 u. li. (Erik
AJV); 83 o. (FCG); 11 (gabczi); 208 o. (Gaspar Janos); 150
(Gordon Bell); 148 (Grisha Bruev); 161 o. (guruXOX); 147
(Harry Beugelink); 14 (HildaWeges Photography); 97 (hjo-
chen); 27 (Igor Zvencom); 35, 36/37 o., 36/37 u., 181, 182/183,
209, 210/211 o. (Jacob Lund); 56 (Janusz Lipinski); 34 u.
re. (Jaromir Chalabala); 69 (Joaquin Ossorio Castillo);
Umschlagklappe hinten, innen (Jodie Nash); 34 u. li. (Jose
Luis Carrascosa); 195 (joserpizarro); 103 u. (Kaidash); 22 o.,
32, 92 u., 242 (karakotsya); 15 (Katherine Ng); 19 (Kiev.
Victor); 171 o. (Krisztian Juhasz); 122 (Liliya Kandrashe-
vich); 108 (Luboslav Tiles); 95 (lunamarina); 194 u., 199
(Macrovector); 21 (marekusz); Titelbild li., 3 li. (Maridav);
110 (Martin M303); 25 (Mostovyi Sergii Igorevich); 18, 24
(Natalya Levish); 136 (Navalnyi); 46 re., 49 u. re. (Netkoff);
128 o., 217 (NikaYekimenko); 28 (nutcd32); 203 (Olga_C);
111 (Ondrej Prosicky); 22 u. (oneinchpunch); 149 o. (oser-
pizarro); 214 o. (P.S.Art-Design-Studio); 34 o. (Phoenixns);
183 (poludziber); 114 u. (ProfiTrollkâ); 13 o. (qoppi); 46 li.
(rphstock); 29 (Ruben Chase); 131 (Sergio TB); 159, 168
(StevanZZ); 200 u. (T photography); 12 (takoburito); 155 u.
(tsaplia); 190 (ValerioMei); 118/119 (vectorfusionart); 83 u.
(Vivvi Smak); 182 re. (Vlad Teodor); 180 u. re. (William
Perugini); 13 u., 149 u. (WINS86); 130 (yellow design)
VectorStock: S. 72 u. (Multirealism)
Vegan Vegetarian KM 0: S. 143 o.
Whitepod hotel & restaurant: S. 220, 221
Wildnisdorf Solberget : S. 85 (Johannes Kalt); 84 (Peter
Fabel)